Jeux de sons et de lecture

MARIE-LOUISE WINNINGER

CYCLE 2 • GS/CP

Nouvelle édition revue et augmentée

RETZ
www.editions-retz.com
9 bis, rue Abel Hovelacque
75013 PARIS

Sommaire

Jeux de sons

Jeux de lecture

Présentation

Selon les Instructions officielles, un des objectifs de la maternelle est de faire **prendre conscience des réalités sonores de la langue**, la syllabe étant un point d'appui important pour accéder aux unités sonores du langage.

Les activités à partir des comptines, jeux chantés, chansons et poésies permettent d'attirer l'attention des enfants sur les unités distinctives de la langue : rythmer les énoncés en frappant dans les mains, par exemple, favorise la prise de conscience des phonèmes de la langue en segmentant les mots en syllabes orales ; des jeux sur les rimes, sur les assonances de début ou de fin de mots peuvent être réalisés pour faire découvrir aux enfants que la langue comporte des syllabes semblables. Ou bien encore, découper des mots en syllabes ou associer des syllabes pour créer des mots est un moyen efficace pour favoriser la prise de conscience de la relation entre les unités sonores (phonèmes) et les unités graphiques (graphèmes) de la langue.

Un deuxième objectif est justement de **faire découvrir aux élèves le fonctionnement du code écrit**. En effet, l'entrée dans l'apprentissage de la lecture doit être au centre de la dernière année de maternelle et se poursuivre au CP.

« À la fin de la grande section de l'école maternelle, l'élève [...] distingue clairement les sonorités de la langue et les signes graphiques qui les représentent à l'écrit.[1] » L'école maternelle doit les aider dans cette appropriation progressive des formes écrites du langage et du principe alphabétique qui structure l'écriture du français.

Pour cela il est judicieux de proposer des activités pour apprendre les lettres de l'alphabet et d'autres qui favorisent la mise en relation entre l'oral (mot exprimé oralement, souvent suggéré par une image ou un codage) et l'écrit (mot manuscrit correspondant à l'image ou l'illustration).

En outre, il est important d'inscrire les activités de langage dans l'expérience (verbaliser les actions) et de multiplier les interactions.

---

1. *Qu'apprend-on à l'école maternelle ?* CNDP-XO Éditions, programmes 2008.

Les objectifs de ce livre

Les jeux de société sont très appréciés par les enfants et représentent des situations très motivantes pour un bon apprentissage.

Ce livre en propose un grand nombre. Ils peuvent être choisis en fonction du niveau des enfants (à une période donnée de l'année) ou en fonction du thème que l'instituteur veut aborder : travail sur les sons, les mots, la construction de phrases, l'orthographe, etc.

Ils vont permettre de :

– familiariser l'enfant avec les réalités sonores de la langue pour favoriser l'acquisition de compétences dans le domaine de l'oral et préparer l'accès à l'écrit ;

– mettre les enfants dans des situations de recherche active pour favoriser les mécanismes et les habitudes nécessaires à l'apprentissage de la lecture ;

– permettre à des enfants très jeunes d'aborder la langue écrite en douceur et sans heurts grâce à l'utilisation d'un « dictionnaire » de référence (p. 87) adapté, permettant à chacun de progresser à son rythme et de mémoriser des mots à des moments différents de l'année ;

– créer des situations qui favorisent les échanges et la communication.

Différents types de jeux et leurs objectifs

• **Jeux de sons et de rimes :** pour identifier des phonèmes et pour exercer la discrimination auditive (jeu de l'oie, mémory, etc.).

• **Jeux utilisant un « dictionnaire » de référence** (p. 87) : pour se constituer rapidement un important « capital-mots » par imprégnation.

• **Jeux de loto :** pour prendre conscience de la structure de la phrase (sujet-verbe-complément), pour apprendre à combiner des mots afin de construire une phrase ayant un sens logique ; pour prendre conscience de l'emplacement des mots dans la phrase.

• **Le coin des histoires :** pour imaginer des phrases ; pour habituer les enfants à les lire et à les reproduire aisément.

• **Jeux avec des lettres mobiles :** pour composer des mots (prendre conscience de l'emplacement des lettres dans le mot, identifier les lettres, les nommer), pour composer des phrases (prendre conscience de l'emplacement des mots dans la phrase).

• **Des mots croisés :** pour repérer ou organiser des mots sur un quadrillage (structuration de l'espace, organisation spatiale et latéralisation).

• **Jeux de devinettes :** jeux de stratégies pour anticiper le sens d'une phrase ou la composition d'un mot.

Par leur conception, ces jeux favorisent l'expression orale. Par exemple, par leur association au mot, l'image (ou le codage) a un rôle d'indice et incite les enfants à oraliser le mot manuscrit, favorisant de ce fait la prise de conscience de la relation entre les unités sonores (phonèmes) et les unités graphiques (graphèmes).

Des jeux pour quelles acquisitions ?

C'est en jouant avec **les mots** que l'enfant va progressivement les mémoriser et se constituer un « *capital-mots* ».

C'est en construisant lui-même **des phrases** qu'il va prendre conscience de leurs structures syntaxiques, de leur composition (sujet-verbe-complément).

Il perçoit également que l'écrit traduit du sens.

C'est en jouant avec **les lettres** que l'enfant va les nommer, les reconnaître.

C'est en jouant avec **les sons** qu'il va identifier les phonèmes dans les mots et exercer sa discrimination auditive.

En manipulant de nombreux mots, en les observant, en les décomposant, en les recomposant, les enfants sont amenés à prélever des indices et à analyser la composition des mots.

Dans ces jeux, l'enfant apprend à adopter un vrai comportement de lecteur : repérer les analogies – faire des comparaisons –, formuler des hypothèses, les vérifier, les rectifier. Il apprend à anticiper le sens de la phrase et à prélever des indices.

En outre, ces jeux par petits groupes mettent les enfants dans de véritables situations de communication et favorisent les échanges verbaux en multipliant les interactions entre les enfants et le maître.

L'originalité d'une démarche basée sur les jeux

Ces jeux par petits groupes mettent les enfants dans des situations de recherche qui les invitent à faire **leur propre expérience** par la manipulation et le tâtonnement. Pour **la mémorisation des mots,** l'utilisation du « *dictionnaire* » (voir p. 87) permet de respecter le rythme de l'enfant : celui-ci mémorise les mots à un moment donné, selon ses possibilités.

Les jeux respectent aussi les **différences de temps de recherche et de procédures** par lesquelles les enfants atteindront le résultat recherché. Leur caractère répétitif favorisera la mémorisation à long terme. Ces jeux favorisent également l'expression orale, les échanges, la communication et l'autonomie. Enfin et surtout, leur conception incite les enfants à lire pour jouer, à lire pour le plaisir et développe le goût des mots et l'envie de lire.

Jeux de sons

Les jeux de sons peuvent être abordés très tôt en maternelle, à condition qu'ils soient présentés comme des activités ludiques et orales.

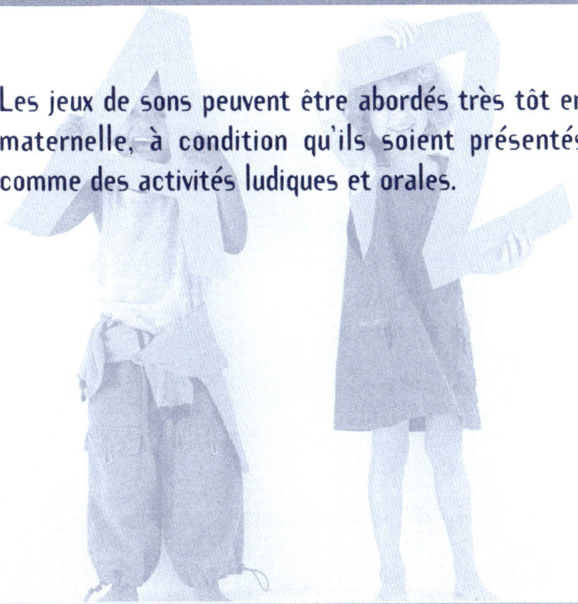

Introduction

Les jeux de sons ont pour but d'apprendre aux enfants à :
– bien articuler et repérer les phonèmes dans les mots;
– développer leur capacité de discrimination auditive;
– prendre conscience de la relation entre le phonème et le ou les graphème(s) correspondant(s).

Remarque : les planches de jeux phonologiques présentent ici simplement l'écriture d'un « mot repère » (le lapin, par exemple, pour l'étude du son [l]) mais pas l'écriture d'une ou de plusieurs lettres.

L'enseignant peut en effet :
– écrire le signe phonétique du son étudié ([a], [i], [ɔ̃]), etc.) ;
– écrire, dans différentes graphies, le ou les graphèmes qui permettent d'écrire le son. Par exemple :

c	C	c	C
s	S	s	S

pour le son [s],

c	C	c	C
k	K	k	K
q	Q	q	Q

pour le son [k].

L'enseignant choisira le type d'écrit en fonction du niveau des élèves.

● La démarche pédagogique

Les jeux proposés ici s'inscrivent dans une démarche en trois phases.

• Une phase d'acquisition

Au cours d'une leçon collective (elle aussi sous forme de jeu), on fera étudier aux enfants un son nouveau.

La leçon ne devra pas dépasser 15 minutes; le son sera choisi selon l'intérêt du moment : en fonction soit de la découverte des enfants à partir de l'observation d'un mot nouveau, soit d'un thème ou encore à partir d'une comptine.

Voici des exemples de jeux pour entraîner les enfants à détacher un phonème dans les mots :

Les comptines : repérer le phonème dans les comptines. Frapper dans les mains chaque fois qu'on entend celui-ci dans la comptine.

Le jeu du corbillon : trouver un phonème commun à plusieurs mots dans une suite de mots choisis.

Le jeu du marché: «On va au marché, mais on n'achète que des objets dans lesquels on entend le phonème étudié.»

Recherche de mots contenant le son étudié. L'enseignant écrit les mots au tableau: les enfants vont entourer la lettre (ou le groupe de lettres) correspondant au phonème.

Les jeux de rimes:

- Inventer une poésie qui «rime».
- Trouver une suite à une chanson ou à une comptine.
- Le jeu des prénoms: «Virginie voit une souris», «Séverine est une coquine», «Anne mange une banane», «Nicolas mange du chocolat», etc.

Des jeux de rythme:

- Frapper le rythme des mots dans les mains ou sur un tambourin, par exemple: **Ca-ro-line, Ma-rie.**
- Distinguer les syllabes orales (groupes phonétiques) dans les mots.
- Évolutions en salle de jeu: mouvements sur le «rythme des mots» (groupes phonétiques).

Ces jeux de sons apprennent aux enfants à émettre des sons, à les entendre et à les identifier dans les mots.

- **Une phase d'entraînement et de réinvestissement**

C'est l'objet des jeux de ce livre. Ils vont permettre de mettre en œuvre, en jouant, les phonèmes découverts lors de la phase d'acquisition.

- **Une phase de contrôle**

Elle consiste en une application écrite individuelle qui peut prendre différentes formes, par exemple:

- Colorier des dessins illustrant les mots qui contiennent le phonème étudié.
- Barrer les dessins illustrant les mots qui ne contiennent pas le phonème.
- Écrire la lettre ou le groupe de lettres correspondant au phonème.
- Jeux reliés aux activités mathématiques: entourer l'ensemble des dessins illustrant les mots qui contiennent le phonème...

• Jouer pour apprendre

Les jeux de sons plaisent beaucoup aux enfants; ils sont présentés ici sous forme de jeux de l'oie, de mémory, de loto, etc. Les enfants n'ont pas conscience de «travailler», leur seul but est de jouer... et de gagner!

On favorisera la mémorisation des phonèmes par le choix judicieux des dessins. Ainsi, les motifs suivants sont suggestifs du phonème concerné: le serpent qui siffle pour le [s]; la route avec le bruit des voitures pour le [r]; la fumée pour le [f]; le pommier pour le [p].

On choisira également des dessins illustrant des mots dans lesquels les enfants entendront facilement le phonème: par exemple, pour le son [p], on choisira: *papa*, *pomme*, etc. On pourra tenir compte du fait que l'enfant distingue principalement le phonème du premier et du dernier élément vocalique du mot.

Exemple d'étude d'un son : [i]

• Leçon collective

Objectifs:

– discrimination et identification auditives: entendre le son [**i**];

– développement de l'acuité auditive;

– favoriser l'expression orale et une bonne articulation;

– discrimination et identification graphiques de la lettre «**i**».

Déroulement de la leçon:

L'institutrice fait travailler les enfants à partir, par exemple, d'une comptine.

• La comptine

Le Petit Chat gris

Un petit chat gris
Qui mangeait du riz
Sur un tapis gris;
Sa maman lui dit:
« Ce n'est pas poli
De manger du riz
Sur un tapis gris. »

• Les consignes

L'institutrice demande:

– Qu'est-ce qu'on entend?

Les enfants répondent:

– le son [**i**].

En récitant, les enfants tapent dans leurs mains chaque fois qu'ils entendent le son [**i**]; puis ils apprennent la comptine.

Des jeux pour s'entraîner et réinvestir

Le jeu de la marchande

L'institutrice dit :

– Nous allons au marché avec notre panier !

Au marché, on ne peut acheter que des objets dont le nom contient le son [i].

Les enfants doivent nommer des objets dont le nom contient le son [i].

La maîtresse écrit ces mots au tableau, puis les enfants vont entourer les « **i** » correspondants.

Le jeu des prénoms

Des étiquettes portant les prénoms des enfants sont étalées sur un tapis. Un cerceau portant une étiquette « **i** » est posé sur le sol.

Les enfants choisissent parmi les étiquettes des prénoms celles qui contiennent le son [**i**] ; après avoir nommé le prénom pour entendre le phonème, chaque enfant dépose son étiquette dans le cerceau des « **i** ». Les étiquettes rassemblées dans le cercle forment l'ensemble des prénoms avec un « **i** » où l'on entend le son [i] (certains prénoms contiennent un « **i** » que l'on entend pas [i]).

Inventons une comptine : jeu de rimes

Le but du jeu est d'inventer une comptine dont les vers se terminent par le son [**i**].

L'institutrice donne le début d'une phrase contenant le son [**i**], par exemple : « Je vais à Par**i**s… »

Les enfants doivent la compléter par un groupe de mots dont le dernier se termine par le son [**i**], par exemple :

« … à dos de sour**i**s ! »

Exemples : « J'ai un chat gr**i**s… qui mange une sour**i**s ! » ; « Je rencontre un am**i**… qui me donne un rad**i**s ! » ; « Ma petite sœur Lil**i**… a fait pipi au l**i**t ! »…

Autre exercice

Voir page 29

La maîtresse dessine des objets au tableau et demande aux enfants :

– d'entourer les objets dont le nom contient le son [**i**] ;

– de barrer les objets dont le nom ne contient pas ce phonème.

Les jours de la semaine

Il s'agit d'un jeu de rimes où les enfants inventent une comptine à partir des jours de la semaine.

Exemple : « Lund**i**… je vais à Par**i**s ! Mard**i**… je mange du r**i**z ! Mercred**i**… je vais chez Mar**i**e ! Jeud**i**… je joue avec Virgin**i**e ! Vendred**i**… je dessine une sour**i**s ! Samed**i**… je dors dans mon l**i**t ! »

Le jeu du lit

• Matériel*: – 1 plan de jeu représentant un lit à la couverture quadrillée;
– des étiquettes sur lesquelles sont dessinés des objets dont le nom contient ou ne contient pas le son [i].

Le plan de jeu*:

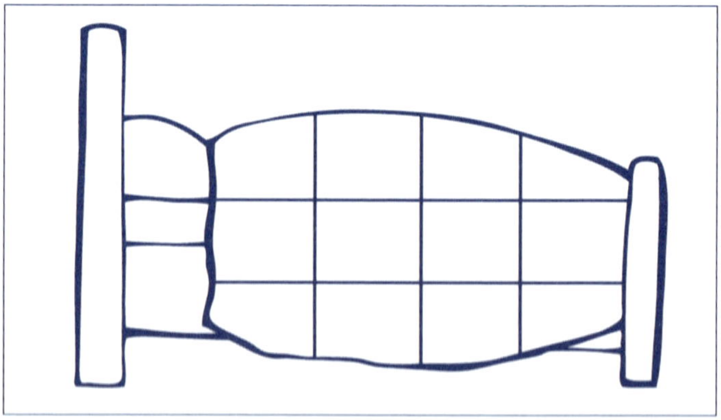

Les étiquettes*:

Lili

souris

roi

Titi

nid

ciel

lit

arbre

loup

* Le matériel signalé d'une astérisque est téléchargeable sur le site des éditions Retz : www.editions-retz.com

• Déroulement :

Les étiquettes sont placées à l'envers sur un tapis ; chaque enfant, à tour de rôle, retourne une étiquette :

– si le mot contient le son [i], il pose l'étiquette dans une case du quadrillage ;

– si le mot ne contient pas le son [i], il laisse l'étiquette à l'endroit.

Ce jeu pourra être facilement contrôlé quand toutes les étiquettes auront été placées.

• Contrôle : des applications individuelles

Les jouets

Il faut que chaque enfant dispose d'un catalogue de jouets : il cherche et découpe les jouets dont le nom contient le son [i], puis il colle ces images sur une feuille.

*Une application individuelle avec la lettre «**i**»*

L'institutrice demande à l'enfant :

– d'identifier la lettre «**i**» dans le texte ;

– d'entourer cette lettre ;

– d'écrire cette lettre «**i**».

*Une application individuelle avec la lettre «**p**»*

L'institutrice demande à l'enfant :

– d'identifier le son [p] dans le nom des objets représentés sur les vignettes ;

– de colorier l'image si le nom de l'objet contient le son [p] ;

– de barrer l'image si le nom de l'objet ne contient pas ce phonème ;

– d'écrire des «**p**» ;

– d'entourer l'ensemble des mots contenant la lettre «**p**».

1

Les mots rythmés

Repérage des syllabes orales

Objectifs:
- Développer l'acuité auditive.
- Sensibiliser les enfants aux phonèmes: les habituer à les entendre et à les prononcer.
- Effectuer une recherche phonétique par le rythme: décomposer les mots en syllabes orales (groupes phonétiques).
- Établir une relation entre le nombre de coups frappés et le nombre de syllabes orales.
- Développer l'attention et l'expression orale.

Organisation: 3 ou 4 joueurs.

Matériel:
- 36 étiquettes avec les dessins d'objets dont les noms contiennent 1, 2 ou 3 syllabes orales.
- 1 tambourin et une mailloche par joueur.

● Déroulement

• But du jeu: trouver le nombre de syllabes orales dans les mots, et les frapper sur le tambourin en même temps qu'on nomme l'objet.

• Règle du jeu:

Chaque joueur dispose d'un tambourin. Les étiquettes sont mélangées, disposées en tas sur la table, à l'envers. À tour de rôle, chacun retourne une étiquette. Il nomme l'objet tout en frappant le rythme sur son tambourin, ou dans ses mains.

Si le joueur a bien frappé un nombre de coups équivalent au nombre de syllabes orales, il a le droit de prendre l'image. Si le nombre de coups frappés n'est pas bon, il remet l'image à l'envers sur un autre tas.

Celui qui a le plus d'étiquettes à la fin du jeu a gagné.

• Remarque: ce jeu doit être contrôlé par l'enseignant ou par un enfant dont on sait qu'il est capable de percevoir sans erreur « le rythme » dans les mots.

1 frappé : •

 sac

 vase

 lit

 fil

2 frappés : • •

 bonbon

 bateau

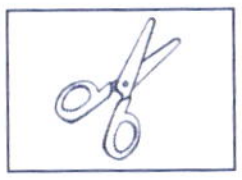 ciseaux

 poisson

3 frappés : • ••

 araignée

 escargot

 parapluie

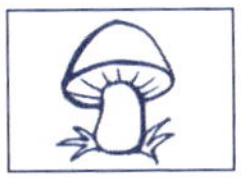 champignon

• Variante

• Règle du jeu :

Un animateur est muni d'un tambourin et d'une mailloche. Les étiquettes sont posées en ligne, à l'endroit, sur la table.

L'animateur frappe 1, 2 ou 3 coups sur son tambourin.

Chaque joueur, à tour de rôle, doit prendre une étiquette représentant un mot contenant autant de syllabes orales que de coups frappés. Le meneur du jeu doit tenir compte du nom des objets qui restent pour organiser ses frappés.

2

Le rythme des mots

Repérage des syllabes orales

Objectifs :
- Développer l'acuité auditive.
- Découvrir les réalités sonores du langage : rythmer les mots en scandant les syllabes orales (les groupes phonétiques).
- Percevoir le nombre de groupes phonétiques dans un mot.

Organisation : 4 joueurs.

Matériel :
- Des étiquettes avec des images.
- Une plaque de jeu pour chaque joueur avec un circuit de 20 cases et 1 pion.
- Un tambourin et une mailloche (facultatif).

• Déroulement du jeu

• But du jeu : frapper correctement les groupes phonétiques sur le tambourin.

• Règle du jeu :

Chaque joueur a une plaque de jeu avec un circuit de 20 cases et un pion.

Les étiquettes avec les images sont mélangées et posées en tas, à l'envers, sur la table.

À tour de rôle, chaque joueur retourne une carte et nomme l'objet en frappant le nombre de syllabes orales correspondantes dans ses mains (ou sur le tambourin avec la mailloche).

Il avance sur son circuit du nombre de cases correspondant au nombre de coups frappés.

Exemple :
Si le joueur A retourne une étiquette avec l'image d'un bol, il dit « bol » en frappant une seule fois dans ses mains (ou sur le tambourin) ; il prend son pion et le place dans la première case de son circuit.
Si le joueur B retourne une étiquette avec l'image d'un hippopotame, il dit « hi – ppo – po – tame » en frappant 4 fois dans ses mains ; il prend son pion, avance sur son circuit et se place dans la quatrième case.

S'il s'agit du même joueur, il avance de quatre cases et donc place son pion dans la 5e case.

Le joueur qui arrive le premier à la fin de son circuit a gagné.

• Remarque : il s'agit de bien distinguer les syllabes orales des syllabes écrites. Il s'agit bien ici de frapper le rythme des groupes phonétiques que l'on entend. Ainsi, le mot *hippopotame* comprend 4 syllabes orales (« hi – ppo – po – tame ») quand l'écrit en compte 5 : hi – ppo – po – ta – me.

Les images:

1 frappé:

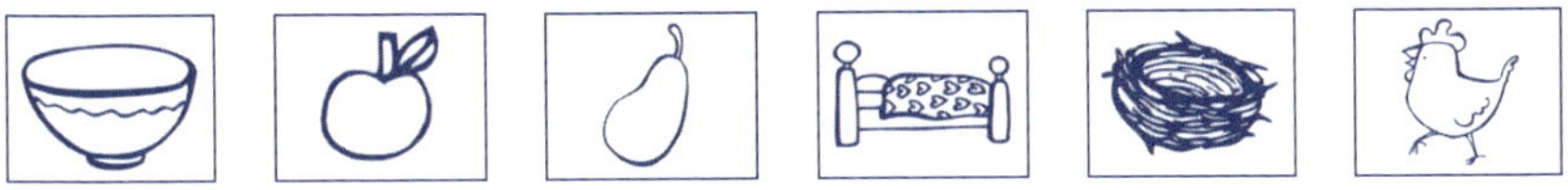

lune – nez – chat – balle – pipe – rose…

2 frappés:

poupée – moto – voiture…

3 frappés:

saladier – coquillage…

4 frappés:

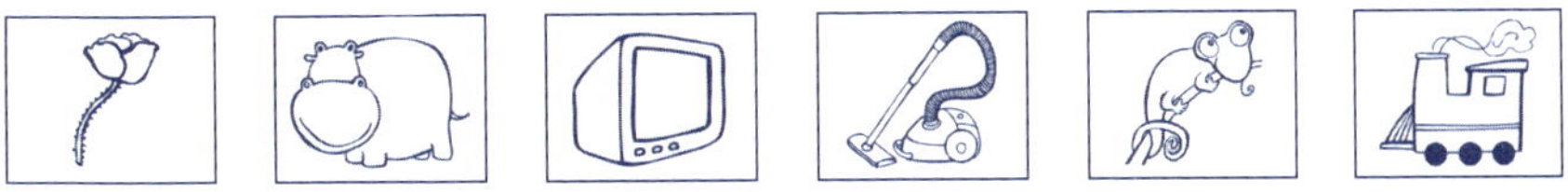

hélicoptère – ordinateur – rhinocéroce – calendrier …

La planche de jeu (le circuit):

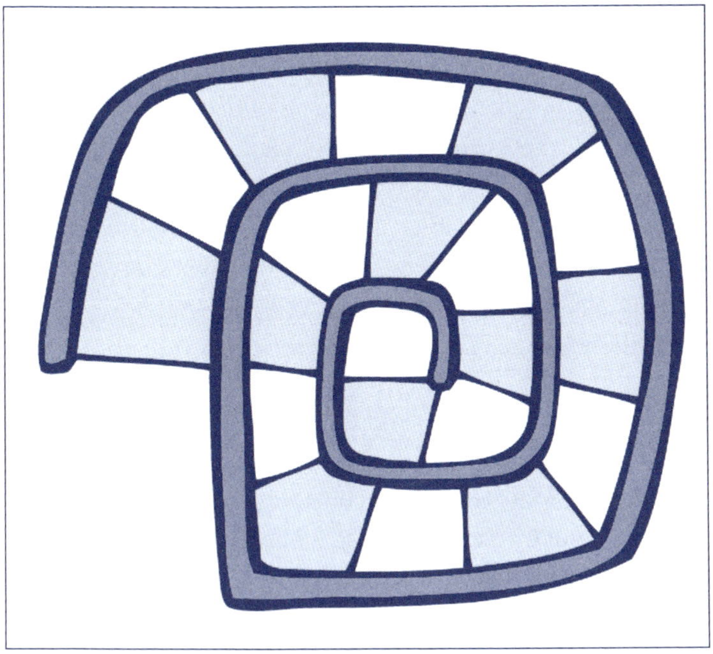

Des pions:

La roue des rimes

Recherche de rimes

Objectifs:
– Développer l'acuité auditive et prendre conscience des rimes.
– Maîtriser la comptine numérique et établir la relation entre chaque mot-nombre énoncé et les cases du plan de jeu.
– Favoriser l'expression orale: entraîner les enfants à une bonne articulation et à une bonne prononciation.

Organisation: 2 à 4 joueurs.

Matériel:
– 1 plan de jeu formé d'un circuit ovale fermé, divisé en 2 voies: sur la voie extérieure, divisée en cases, sont dessinés des animaux; les cases de la voie intérieure sont vides.
– Des étiquettes mobiles (autant que de cases sur le plan de jeu) représentant des objets. À chaque case du plan de jeu correspond une étiquette: leurs noms finissent par le même son.
– 1 dé des constellations de 1 à 3.
– 4 pions de différentes couleurs.

• Déroulement du jeu

• But du jeu: faire correspondre à une case du plan de jeu une étiquette représentant un objet dont le nom finit par le même son. Bien prononcer les deux noms et les employer correctement dans une structure de phrase donnée.

• Règle du jeu:

Le plan de jeu est disposé au centre de la table. Les vignettes sont réparties autour, à l'endroit. Chaque joueur à son tour lance le dé et fait avancer le pion du nombre de cases équivalant aux points du dé. Il doit alors choisir, parmi les étiquettes, celle qui représente un objet dont le nom rime avec celui de l'animal sur lequel son pion est posé. Puis il doit formuler une phrase en respectant la structure imposée.

Exemples :

L'escargot est dans le pot.
Le lapin est sous le sapin.
Le cochon est dans la maison.
La souris est sur le tapis.
Le lion est dans le camion.
La chouette est dans la brouette.
L'oiseau est dans le bateau.
Le poisson est dans le ballon.
Le chat est dans le plat.
La coccinelle est sur la pelle.
L'abeille est dans la bouteille.
etc.

• Remarque : il est nécessaire que les enfants s'expriment oralement en articulant bien, afin de bien identifier les sons. Ils peuvent repérer le son des rimes et le nommer.

> *Exemple :*
> *L'escargot est dans le pot… on entend « o ».*
> *Le lapin est sous le sapin… on entend « in ».*

Un dé :

Des pions :

Un plan de jeu (situation en cours de jeu) :

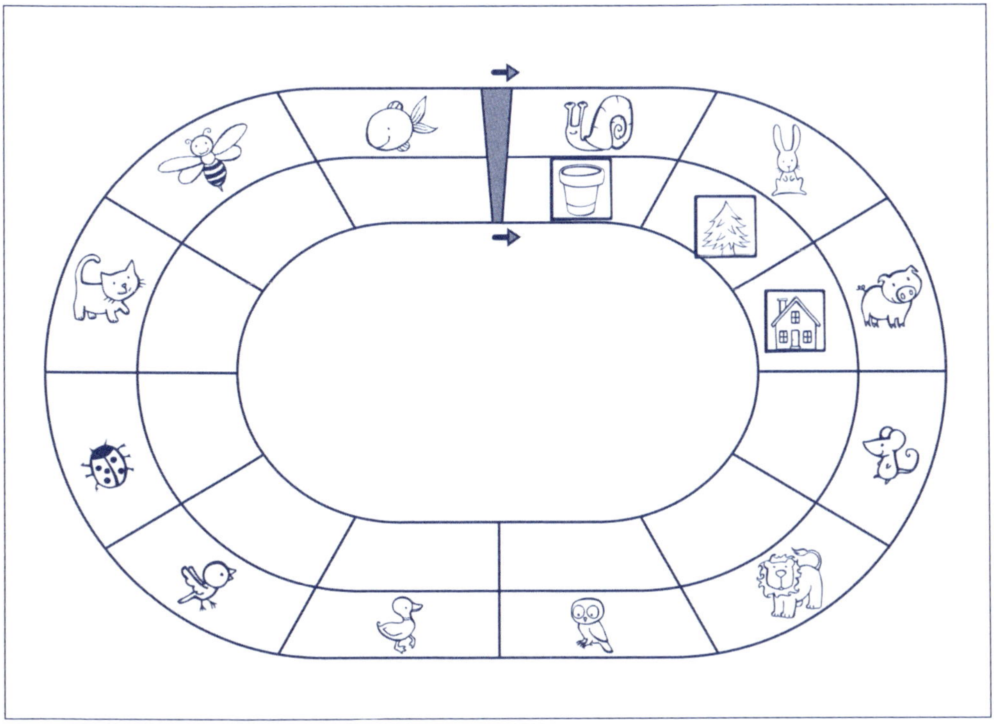

Des étiquettes :

etc.

Le jeu des rimes

Recherche de rimes

Objectifs:
- Développer l'acuité auditive.
- Améliorer la reconnaissance des unités sonores composant les mots : les rimes.
- Distinguer deux mots qui riment.

Organisation: Collectif.

Matériel:
- 20 à 24 étiquettes rouges avec l'image d'un animal (et son nom – facultatif).
- 20 à 24 étiquettes bleues avec l'image d'un aliment (et son nom – facultatif).

• Déroulement

• But du jeu: associer deux mots (animal + aliment) qui riment.

• Règle du jeu :

On pose les étiquettes avec les aliments à l'endroit sur le tapis et on distribue les cartes avec les animaux aux enfants.

Chaque enfant, à tour de rôle, montre et nomme « son animal » et cherche, parmi les étiquettes disposées sur le tapis, un aliment dont le nom rime avec celui de l'animal.

• Remarque: pour distinguer les étiquettes, il suffit de coller des gommettes rouges ou bleues au dos de celles-ci.

> *Exemple:*
> *Un enfant montre l'image du papillon et dit: « Le papillon mange... ? »*
> *Il repère parmi les étiquettes des aliments le melon et reprend sa phrase: « Le papillon mange du melon. »*
> *Il place les deux étiquettes côte à côte devant lui.*
> *Le joueur suivant montre et nomme son animal et cherche parmi les aliments celui dont le nom rime avec le nom de son animal, etc.*

Ce jeu amuse beaucoup les enfants, car les aliments qui « riment » avec les animaux ne correspondent pas à ce qu'ils mangent dans la réalité.

Des étiquettes (rouges) avec les animaux:

le lapin

l'oiseau

la baleine

la tortue

l'éléphant

l'écureuil

la marmotte

le cochon

la grenouille

la souris

le chat

l'âne

la chouette

l'abeille

la fouine, le papillon, l'oie, la truite, le caméléon, le hamster, la sauterelle, le mammouth, la limace, l'écrevisse, le putois, la vache, l'araignée, le loup…

Des étiquettes (bleues) pour les aliments:

le pain

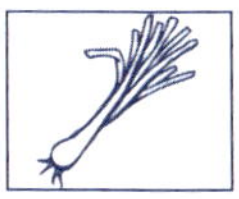
le poireau

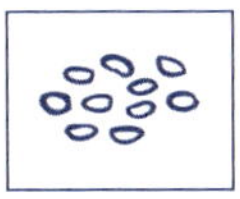
les graines

la laitue

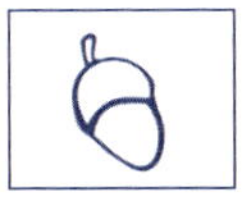
le gland

le bonbon

la citrouille

le radis

le chocolat

la banane

la feuille

la galette

la carotte

les groseilles

la tartine, le melon, la noix, les frites, le champignon, la pomme de terre, la mirabelle, la choucroute, la glace, la saucisse, les petits pois, la pistache, la purée, le chou…

5

Le mémory des animaux

Recherche de rimes

Objectifs : – Développer l'acuité auditive.
– Améliorer la reconnaissance des unités sonores composant les mots : les rimes.
– Distinguer deux mots qui riment.

Organisation : 4 joueurs.

Matériel* : – 4 plaques de jeu sur lesquelles sont représentés 4 animaux (différents sur chaque plaque).
– 16 étiquettes avec des aliments dont les noms riment avec les noms d'animaux.

● Déroulement

• But du jeu : le premier qui a complété sa plaque selon la consigne, c'est-à-dire en associant un aliment à chaque animal en respectant la rime, a gagné !

• Règle du jeu :

Chaque joueur a une planche de jeu avec les animaux devant lui.

Les 16 étiquettes avec les aliments sont mélangées et posées à l'envers, au milieu de la table (éventuellement sur un quadrillage).

Chaque joueur, à tour de rôle, retourne une carte ; il nomme l'aliment représenté sur l'étiquette (ou lit le mot écrit sous l'image, selon son niveau).

Si le mot se termine par le même son que le nom de l'un de ses animaux, il place l'image sous l'animal correspondant en énonçant oralement la phrase selon la structure imposée.

> *Exemples :*
> *Le lapin mange du pain. L'oiseau mange un poireau. La baleine mange des graines. Le cochon mange un bonbon. L'éléphant mange un gland. La souris mange un radis. La grenouille mange une citrouille. Le chat mange du chocolat. L'âne mange une banane. L'écureuil mange une feuille. Le loup mange un chou. L'abeille mange des groseilles. La marmotte mange une carotte. Le canard mange du lard. Le hamster mange une pomme de terre. La chouette mange une galette...*

Si le nom de l'aliment ne rime pas avec le nom d'un de ses animaux, le joueur remet l'étiquette à l'envers, à son emplacement.

Les autres joueurs doivent mémoriser son emplacement pour avoir plus de chance de gagner.

Le premier qui a complété sa planche a gagné.

• Remarque : ce jeu amuse beaucoup les enfants car ces aliments ne correspondent pas toujours à la nourriture habituelle des animaux.

Les 4 planches de jeu* :

Les étiquettes* :

Pour qu'il n'y ait pas de confusion possible, il faut choisir des noms d'animaux qui se terminent par un son différent.

* Le matériel signalé d'une astérisque est téléchargeable sur le site des éditions Retz : www.editions-retz.com

6

Le jeu des paires

Recherche de rimes

Objectifs: – Développer la discrimination auditive.
– Identifier deux mots qui riment.

Organisation: 4 joueurs.

Matériel: – 20 étiquettes bleues avec les images A.
– 20 étiquettes rouges avec les images B complémentaires des images A.

• Déroulement du jeu

• But du jeu: associer deux cartes complémentaires, c'est-à-dire dont les deux mots riment.

• Règle du jeu:

Les étiquettes bleues sont mélangées et distribuées aux 4 joueurs (5 étiquettes chacun).

Les étiquettes rouges sont mélangées et retournées à l'envers, en tas, au milieu de la table.

Chaque joueur, à tour de rôle, pioche une étiquette rouge et nomme le mot correspondant à l'image.

S'il a une étiquette bleue dont le mot rime avec celui-ci, il pose la paire bleue et rouge devant lui.

Si le mot de l'étiquette rouge piochée ne rime avec aucun mot des étiquettes bleues qu'il tient dans sa main, il la repose à l'envers, sur un autre tas à côté du premier.

Le premier qui a formé des paires et qui n'a plus d'étiquette en main a gagné; le jeu se poursuit jusqu'à ce qu'on ait formé toutes les paires.

Exemple:
Le joueur A retourne une étiquette rouge et nomme l'élément dessiné sur celle-ci: «chocolat».
– S'il a l'étiquette bleue avec le plat, il place la paire à l'endroit devant lui en disant: «Plat et chocolat; on entend [a] ! »
– S'il n'a pas d'image dont le nom rime avec chocolat, il pose l'étiquette rouge à l'envers, en un autre tas à côté du premier.

Des images bleues A:

maison

feuille

panier

galette

bouteille

canard

loup

oiseau

lapin, cheval, chenille, tapis, plat, pelle, grenouille, feuille, cuillère, voiture, banane, téléphone...

Des images rouge B:

poisson

écureuil

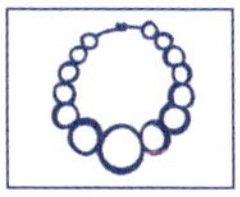
collier

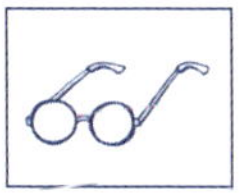
lunettes

soleil

renard

clou

marteau

sapin, bocal, quille, radis, chocolat, échelle, citrouille, écureuil, hamster, mur, âne, xylophone...

7

Comptine du *Petit Chat gris*

Étude du son [i]

Objectifs: – Développer l'acuité auditive et la mémoire.
– Discrimination et identification du son [i].

Organisation: Collectif.

Matériel: – La comptine dite oralement.

● Déroulement

• But du jeu: identifier le son [i] dans la comptine.

• Règle du jeu:

Mémoriser la comptine

L'enseignant récite la comptine:

Un petit chat gris
Qui mangeait du riz
Sur un tapis gris.
Sa maman lui dit:
« Ce n'est pas poli
De manger du riz
Sur un tapis gris. »

Les enfants répètent plusieurs fois cette comptine en scandant et en articulant bien pour la mémoriser et distinguer les différents « sons »:

Un pe – *tit* – chat – *gris*
Qui – man – geait – du – *riz*
Sur – un – ta – *pis* – *gris*
Sa – ma – man – *lui* – *dit*:
« Ce – n'est – pas – po – *li*
De – man – ger – du – *riz*
Sur – un – ta – *pis* – *gris.* »

Demander aux élèves quel est le son qu'on entend le plus: « On entend des [i] ! »

Frapper le rythme de la comptine

On peut demander aux élèves de frapper le rythme de la comptine en accentuant les syllabes où on entend [i] (12 frappés).

Le jeu de la marchande

Étude du son [i]

Objectifs:
- Favoriser l'expression orale.
- Développer l'acuité auditive et visuelle.
- Identifier le son [i] dans les mots.
- Reconnaître la lettre « i » sous sa forme manuscrite.

Organisation: Collectif.

● Déroulement

• But du jeu: rechercher des mots contenant le son [i].

• Règle du jeu:

Recherche de mots contenant le son [i]

Les élèves sont assis, face au tableau. Ils nomment des objets dont le mot contient le son [i]. L'enseignant écrit ces mots au tableau au fur et à mesure que les enfants les énumèrent.

Identifier la lettre « i » sous sa forme manuscrite

L'enseignant demande aux élèves d'aller entourer les « i » dans les mots écrits au tableau. Selon le niveau des élèves, on écrit les mots en cursive ou en capitales d'imprimerie. Certains enfants sont capables de relire les mots écrits au tableau.

Exemple:

lit kiwi tapis rideau tipi

RIZ PIPE LIVRE IMAGE

• Remarque: on pourra utiliser la même démarche pour l'étude d'autres sons ([a], [o], [y]...).

9

La roue des voyelles

Étude des sons [a], [i], [o] et [y]

Objectifs:
- Identification des sons dans les mots.
- Discrimination auditive des phonèmes [a], [i], [o] et [y].
- Correspondance entre le graphème et le phonème: étude des voyelles « **a** », « **i** », « **o** » et « **u** ».
- Développement de l'acuité auditive.
- Favoriser une prononciation correcte et une bonne articulation.

Organisation: 4 joueurs.

Matériel:
- 1 roue en bois ou en carton divisée en 8 quartiers avec les voyelles « **a** », « **i** », « **o** » et « **u** »; au centre, une flèche mobile.
- 4 plaques de jeu individuelles divisées en 4 « maisons » représentant chacune une voyelle.
- 32 étiquettes mobiles (environ 8 pour chaque son) sur lesquelles sont dessinés des objets dont les noms contiennent les sons [a], [i], [o] et [y].

● Déroulement

• But du jeu: identifier les phonèmes et placer les étiquettes dans les maisons sans se tromper.

• Règle du jeu:

Chaque joueur dispose d'une plaque individuelle. La roue est placée au centre de la table. Les étiquettes sont réparties autour de la roue, à l'endroit. Les joueurs font tourner la flèche de la roue à tour de rôle. Si, par exemple, la flèche s'arrête sur la lettre « **a** », le joueur choisit une étiquette sur laquelle est dessiné un objet dont le nom contient le son [a]. Il dit le nom de l'objet à haute voix en articulant bien, puis la pose sur sa plaque individuelle dans la maison des « **a** ».

Le deuxième joueur fait tourner la flèche; si celle-ci s'arrête sur la voyelle « **o** », le joueur prend alors, par exemple, une orange et la met dans la maison des « **o** » après l'avoir nommée.

Le troisième joue de la même façon; si la flèche indique la lettre « **i** », il peut ramasser l'étiquette du lit ou de la souris et la poser dans la maison des « **i** ». Et ainsi de suite…

Quand il n'y a plus d'étiquette avec le son indiqué par le dé, on passe son tour.

Quand il n'y a plus d'étiquette mobile, le jeu est terminé et c'est celui qui a le plus d'étiquettes dans ses maisons qui a gagné !

• Remarque: ce jeu peut être facilement vérifié à la fin, éventuellement par les enfants eux-mêmes: on contrôle que les étiquettes sont placées dans les bonnes maisons.

La roue des voyelles :

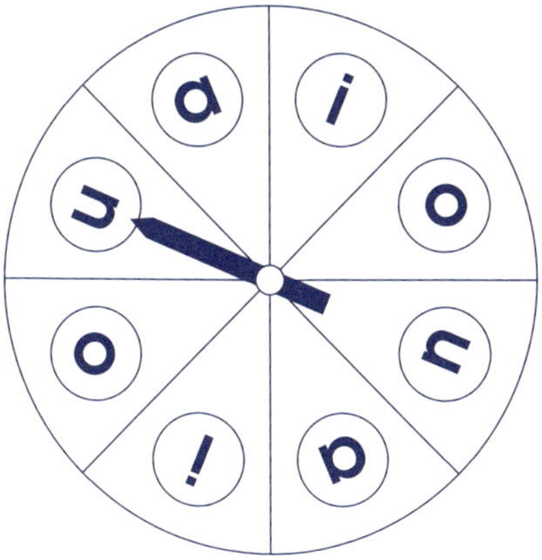

Les étiquettes mobiles :

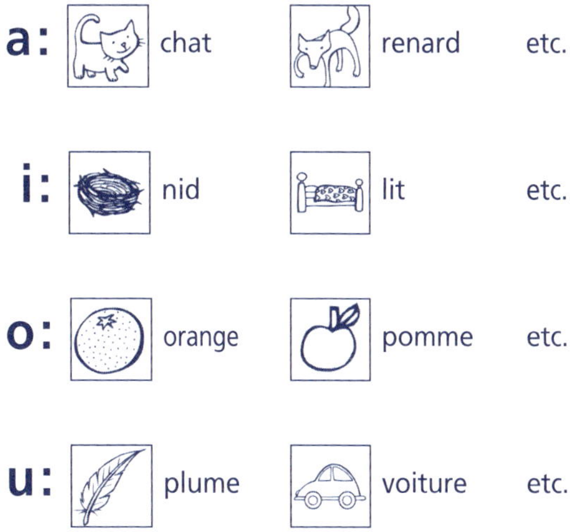

Une plaque individuelle (situation en cours de jeu) :

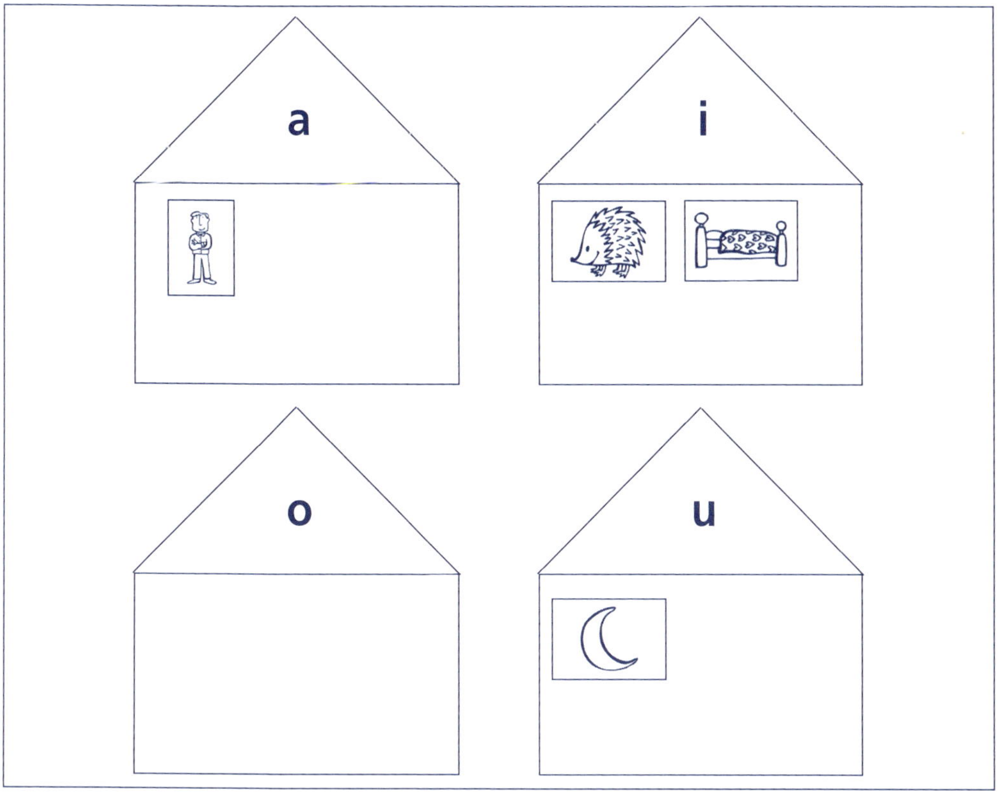

La chenille des voyelles

Étude des sons [a], [i], [o]

Objectifs: Développement de l'acuité auditive :
- identification des sons dans les mots ;
- discrimination des phonèmes [a], [i], [o] ;
- correspondance entre le graphème et le phonème: étude des lettres «**a**», «**i**», «**o**».
- Favoriser l'expression orale et l'articulation.

Organisation: 3 joueurs.

Matériel:
- 3 planches de jeu représentant chacune une chenille de 8 anneaux ; chaque chenille correspond à un son: [a], [i] et [o].
- 1 dé des lettres «**a**», «**i**» et «**o**».
- 30 étiquettes mobiles rondes (pastilles) sur lesquelles sont dessinés des objets dont les noms contiennent les sons [a], [i], [o].

Déroulement

• But du jeu: reconnaître la lettre sur le dé; l'associer au bon phonème (bien choisir la pastille) et la placer sans se tromper sur la chenille correspondant au son.

• Règle du jeu:

Chaque joueur a une planche avec une chenille. Les pastilles sont réparties autour, à l'endroit.

On lance le dé à tour de rôle.

Par exemple, l'enfant qui a choisi la chenille «**i**» lance le dé: celui-ci se retourne sur la lettre «**a**»; l'enfant passe son tour. Ensuite, l'enfant qui a choisi la chenille «**o**» lance le dé. Celui-ci se retourne sur la lettre «**o**». L'enfant choisit une pastille représentant, par exemple, une orange: il nomme cet objet en articulant bien, puis pose la pastille sur sa chenille. Le premier qui a complété sa chenille a gagné.

Planches de jeu (situation en cours de jeu):

Le dé:

Les pastilles:

a

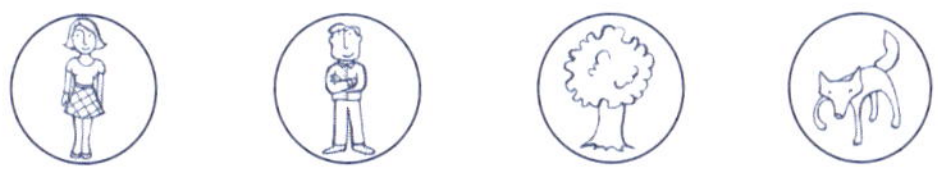

maman papa arbre renard etc.

o

pomme vélo orange anneau etc.

i

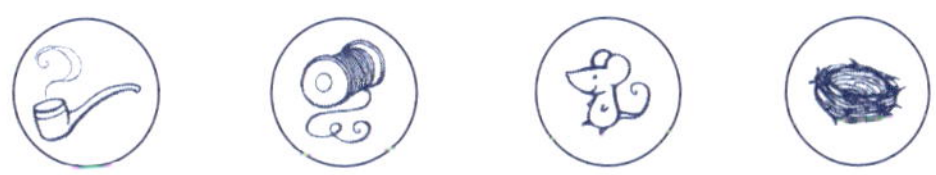

pipe fil souris nid etc.

Le menteur

Étude des sons [i], [a], [o] et [y]

Objectifs: – Développer l'acuité auditive.
– Distinguer et identifier les sons voyelles dans les mots.

Organisation: 4 joueurs.

Matériel: – 32 cartes (8 pour chaque voyelle) avec des images correspondant aux sons.

● Déroulement

• But du jeu: se débarrasser de toutes ses cartes.

• Règle du jeu:

Mélanger les cartes. Distribuer le même nombre de cartes à chaque joueur.

Le premier joueur pose une carte, face visible sur la table, en annonçant le son demandé.

Chaque joueur, à tour de rôle, choisit une carte dans son jeu et la pose sur la table, à l'envers, en répétant le son demandé.

À n'importe quel moment, un autre joueur peut dire «menteur». Celui qui vient de poser sa carte la retourne:

– si on entend le même son que celui annoncé par la première carte, il n'a pas «menti», donc c'est celui qui a dit «menteur» qui ramasse toutes les cartes;

– si le nom de l'objet ne comporte pas le même son que celui annoncé au départ, c'est qu'il a «menti»: c'est lui qui doit ramasser toutes les cartes.

Celui qui a ramassé les cartes met en jeu une autre carte, face visible, en annonçant le nouveau son.

Le premier qui a déposé toutes ses cartes a gagné.

Exemple:
Le premier joueur pose une carte à l'endroit sur laquelle est dessinée une lune; il annonce [y].
Chaque joueur pose une carte de son choix à l'envers en disant [y], jusqu'au moment où un joueur désigne le joueur X en le traitant de «menteur».
On retourne la dernière carte posée par le joueur X:
– si la carte représente un sac, on entend [a] : le joueur X a perdu, il doit ramasser les cartes;
– si la carte représente une plume, on entend [y] : le joueur X n'a pas «menti»; c'est celui qui a dit «menteur» qui doit ramasser toutes les cartes et remettre une autre carte en jeu en nommant le son demandé.

Proposition de mots :

i lit – nid – tipi – riz – pie – quilles – vis – pipe – souris – pile – billes – fille – kiwi – livre – fil – niche...

o pot – moto – robot – auto – orange – bol – rose – oiseau – poireau – col – cor – note – vélo – volet – porte – forêt – os...

u flûte – rue – mur – plume – voiture – lune – fumée – tutu – luge – bulle – cube – pull – ruche – fusée – lutin – grue – prune...

a sac – mare – lard – carte – arc – car – vase – arbre – cage – canard – plat – rat – âne – maman – papa – renard – table – banane – ananas...

Des cartes :

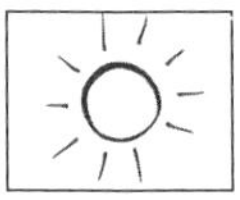

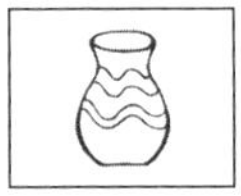

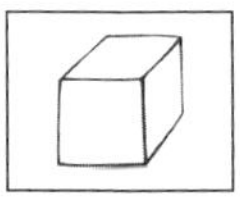
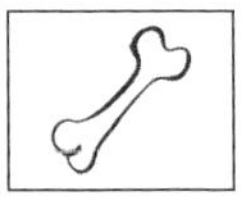

etc.

La roue des consonnes

Étude des sons [t], [m], [p] et [s]

Objectifs: Développement de l'acuité auditive :
- identification des sons dans les mots ;
- discrimination auditive des phonèmes [t], [m], [p] et [s] ;
- correspondance entre le graphème et le phonème: étude des consonnes «**t**», «**m**», «**p**» et «**s**».
- Favoriser l'expression orale, l'articulation et l'attention.

Organisation: 4 joueurs.

Matériel:
- 1 roue en bois ou en carton divisée en 8 quartiers avec les consonnes «**t**», «**m**», «**p**» et «**s**» répétées chacune 2 fois; au centre, une flèche mobile.
- 4 plaques individuelles: 4 rectangles divisés en 4 cases dont chacune porte une consonne.
- Des étiquettes mobiles (6 au minimum pour chaque son) sur lesquelles sont dessinés des objets dont les noms commencent par les sons [t], [m], [p] et [s].

● Déroulement

• But du jeu: identifier les phonèmes et placer les étiquettes dans les bonnes cases.

• Règle du jeu:

Chaque joueur dispose d'une plaque avec les 4 consonnes. La roue est placée au centre de la table. Les images sont étalées autour de la roue, à l'endroit.

Les joueurs font tourner la flèche à tour de rôle. Ils doivent choisir l'image d'un objet dont le nom commence par le son désigné par la flèche, puis nommer cet objet et le placer sur leur plaque individuelle dans la bonne case.

> *Exemple:*
> *Le 1er joueur fait tourner la flèche de la roue; celle-ci s'arrête sur la lettre «**m**»: il choisit l'image de la maison et la pose sur sa plaque dans la case correspondante, après l'avoir nommée en articulant bien.*
> *Le 2e joueur fait tourner la flèche qui s'arrête sur la lettre «**p**»: il pose, par exemple, la pomme sur sa plaque dans la case correspondante après l'avoir nommée.*
> *Le 3e joueur a la lettre «**s**»: il ramasse l'image de la souris et la pose sur sa plaque, toujours après avoir prononcé ce mot en articulant bien, et ainsi de suite...*

Vers la fin du jeu, si on ne trouve plus d'image correspondant à la lettre indiquée par la flèche de la roue, on passe son tour.

C'est celui qui aura ramassé le plus d'images (réponses exactes) qui a gagné!

• Remarque: on peut bien sûr imaginer une roue identique avec d'autres consonnes.

La roue des consonnes:

Une plaque individuelle:

t	s
m	p

Les étiquettes mobiles:

t		tortue		tulipe		table	etc.
s		sac		souris		soleil	etc.
m		maman	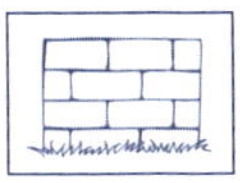	mur		maison	etc.
p		papa		pipe		pomme	etc.

13

Le train des consonnes

Étude des sons [ʀ], [t], [v] et [b]

Objectifs: Développement de l'acuité auditive :
- identification des sons dans les mots ;
- discrimination auditive des phonèmes [ʀ], [t], [v] et [b] ;
- correspondance entre le graphème et le phonème: étude des lettres «**r**», «**t**», «**v**» et «**b**».
- Favoriser l'expression orale, l'articulation et l'attention.
- Développer la mémoire.

Organisation: 4 joueurs.

Matériel*:
- 4 planches de jeu sur chacune desquelles est représenté 1 train tirant 4 wagons; les lettres «**r**», «**t**», «**v**» et «**b**» sont écrites chacune sur un wagon, dans le même ordre pour chaque train.
- 16 étiquettes mobiles sur lesquelles sont dessinés des objets dont les noms commencent par l'une de ces 4 lettres.

• Déroulement

• But du jeu: reconnaître les phonèmes et placer les étiquettes aux bons emplacements sur le train. Mémoriser les emplacements des étiquettes retournées.

• Règle du jeu:

Chaque joueur choisit une planche.

Les images sont placées à l'envers et rangées en 4 colonnes.

Chaque joueur joue à tour de rôle.

Il retourne une étiquette, nomme l'objet en articulant bien et pose l'étiquette sur le wagon correspondant.

> *Exemple:*
> *Si l'enfant ramasse l'étiquette du renard, il doit identifier le son [ʀ] et placer cette image sur le wagon portant la lettre «**r**».*
> *S'il retourne celle du vase, il la placera sur le wagon indiquant la lettre «**v**». Etc.*

Si le phonème repéré dans le mot correspond à un wagon déjà décoré, le joueur remet cette étiquette à l'envers.

Les autres joueurs doivent mémoriser l'emplacement de cette image s'ils en ont besoin pour compléter leur train.

Le premier qui a complété son train a gagné!

Les planches de jeu* (situation en cours de jeu):

Les étiquettes* :

r	t	v	b
 radis	 tortue	 valise	 balle
 rose	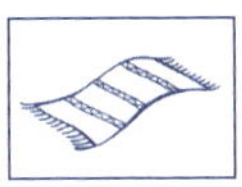 tapis	 vase	 bonbon
 renard	 toupie	 vélo	 bébé
 roue	 tulipe	 vis	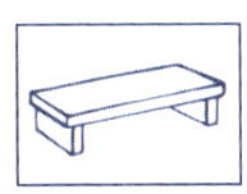 banc

* Le matériel signalé d'une astérisque est téléchargeable sur le site des éditions Retz : www.editions-retz.com

La route

Étude du son [ʀ]

Objectifs: – Discrimination et identification auditives: entendre le son [ʀ] dans les mots.
– Favoriser l'expression orale et une bonne articulation.
– Maîtriser la comptine numérique: établir la correspondance terme à terme entre chaque « mot-nombre » énoncé et chaque case décomptée.
– Comptage: notions de « plus », « moins », « autant ».

Organisation: 4 joueurs.

Matériel: – 1 plan de jeu sur lequel est représentée une route divisée en cases; dans chacune des cases est représenté un objet dont le nom contient ou non le son [ʀ].
– 1 dé des constellations de 1 à 3.
– Des bâtonnets.
– 4 plaques individuelles avec un circuit dont chaque partie a la dimension d'un bâtonnet.
– 4 petites voitures de couleurs différentes qui serviront de jetons.

• Déroulement

• But du jeu: distinguer le son [ʀ] dans les mots représentés par des dessins sur le plan de jeu.

• Règle du jeu:

Le plan de jeu est disposé au centre de la table; les bâtonnets sont rangés dans une boîte posée elle aussi sur la table. Chaque joueur dispose d'une plaque individuelle et d'une « voiture-jeton ».

Chaque joueur, à tour de rôle, lance le dé et avance sa voiture du nombre de cases correspondant au nombre de points du dé.

Il nomme le mot du dessin représenté dans la case dans laquelle il vient de s'arrêter:

– s'il entend le son [ʀ], il prend un bâtonnet et le place sur sa « route » (plaque individuelle) ;

– s'il n'entend pas le son [ʀ], il passe son tour.

L'enfant qui a disposé le plus de bâtonnets sur sa plaque à la fin du jeu a gagné !

• Remarque: le son [ʀ] doit avoir été étudié au préalable (phase d'acquisition), avec des jeux comme le corbillon, avec une comptine, etc.

Ce jeu doit être contrôlé par l'enseignant, ou par un enfant capable de bien repérer le son dans les mots.

Le plan de jeu:

Une plaque individuelle:

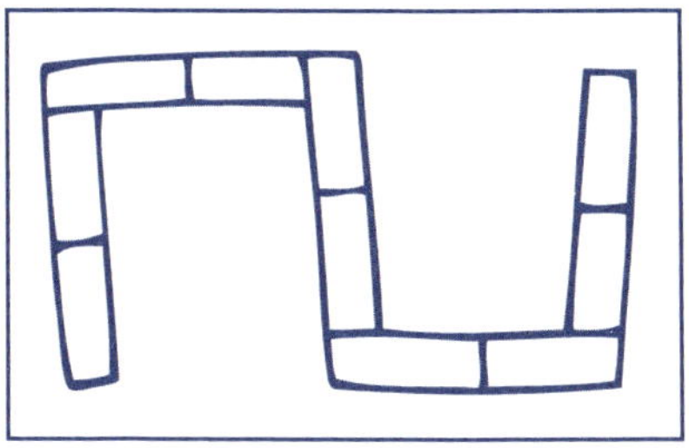

Des bâtonnets:

Un dé:

Des voitures-jetons:

La maison

Étude du son [m]

Objectifs: – Discrimination et identification auditives: entendre le son [m]
– Favoriser l'expression orale et une bonne articulation.
– Maîtriser la comptine numérique: établir la correspondance terme à terme entre chaque « mot-nombre » énoncé et chaque case décomptée.
– Comptage: notions de « plus », « moins », « autant ».

Organisation: 4 joueurs.

Matériel: – 1 plan de jeu représentant une maison. Dans celle-ci, un circuit divisé en cases (une vingtaine) est figuré. Chaque case contient le dessin d'un objet dont le nom contient ou non le son [m].
– 1 dé des constellations de 1 à 3.
– 4 plaques individuelles figurant chacune une petite maison.
– Des formes carrées qui figureront les fenêtres des maisons des plaques individuelles.
– 4 bonshommes (en plastique, en bois ou en pâte à sel, etc.) ou des jetons.

Déroulement

• But du jeu: distinguer le son [m] dans les mots dessinés sur le plan de jeu.

• Règle du jeu:

Le plan de jeu est disposé au centre de la table. Chaque enfant dispose d'une plaque individuelle. Les carrés (fenêtres) sont rangés dans une boîte.

Chaque joueur, à tour de rôle, lance le dé et fait avancer son bonhomme du nombre de cases correspondant au nombre de points du dé.

Il nomme, en articulant bien, l'objet dessiné dans la case où il s'est arrêté:

– si le mot contient le son [m], il prend un carré pour décorer sa maison;

– si le mot ne contient pas le son [m], il passe son tour.

Celui qui a décoré sa « maison » avec le plus de fenêtres a gagné.

• Remarque: le son [m] doit avoir été étudié au préalable (phase d'acquisition) à l'aide de jeux comme le corbillon, avec une comptine, etc.

Ce jeu doit être contrôlé par l'enseignant ou par un élève capable d'identifier le son [m] dans les mots.

Une plaque individuelle:

Les «fenêtres»:

Les bonshommes:

Un plan de jeu:

Le dé:

Le serpent

Étude du son [s]

Objectifs:
– Discrimination et identification auditives: entendre le son [s] dans les mots.
– Favoriser l'expression orale: entraîner les enfants à une bonne articulation et à une bonne prononciation.
– Maîtriser la comptine numérique: établir la correspondance terme à terme entre chaque case décomptée et chaque « mot-nombre » énoncé.
– Comptage: notions de « plus », « moins », « autant ».

Organisation: 4 joueurs.

Matériel:
– 1 plan de jeu sur lequel est représenté un serpent divisé en cases (une vingtaine). Dans chaque case est dessiné un objet dont le nom contient ou non le son [s].
– 1 dé des constellations de 1 à 3.
– 4 plaques individuelles sur lesquelles sont représentés des serpents décorés de ronds.
– 4 pions (ou petits sujets) de couleurs différentes.
– des jetons ronds qui seront disposés sur les plaques individuelles.

● Déroulement

• But du jeu: entendre le son [s] dans les mots dessinés sur le plan de jeu.

• Règle du jeu:

Le plan de jeu est disposé au centre de la table. Chaque joueur dispose d'une plaque individuelle et d'un pion. Les jetons sont rangés dans une boîte, sur la table. Chaque joueur lance le dé à tour de rôle. Il fait avancer son pion du nombre de cases indiqué par le dé. Il nomme l'objet représenté dans la case sur laquelle il s'est arrêté:

– s'il entend le son [s], il prend un jeton et en décore le serpent de sa plaque;

– s'il n'entend pas le son [s], il passe le dé au suivant.

L'enfant qui a décoré son serpent avec le plus de jetons à la fin du parcours a gagné.

• Remarque: le son [s] doit avoir été étudié au préalable (phase d'acquisition) à l'aide de jeux comme le corbillon, avec une comptine, etc.

Ce jeu doit être contrôlé par l'enseignant ou par un élève capable d'identifier le son [s] dans les mots.

Un plan de jeu:

Des jetons:

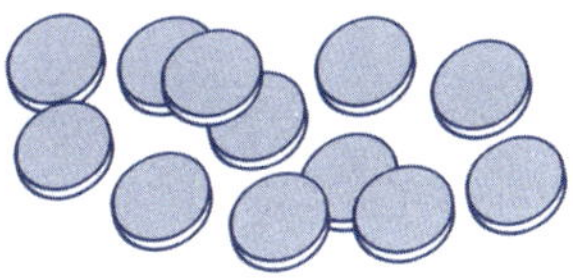

Un dé:

Des pions:

Une plaque individuelle:

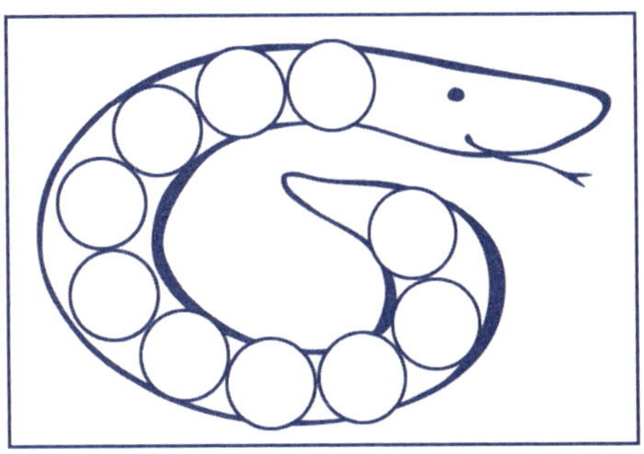

La galette

Étude du son [g]

Objectifs: – Développer la capacité de discrimination et d'identification auditive: entendre le son [g] dans les mots.
– Expression orale: entraîner les enfants à une prononciation correcte et à une bonne articulation.
– Maîtriser la comptine numérique: correspondance terme à terme entre chaque case décomptée et chaque « mot-nombre » énoncé.
– Comptage: notions de « plus », « moins », « autant ».

Organisation: 4 joueurs.

Matériel: – 1 plan de jeu sur lequel est représenté un circuit en forme de « galette », divisé en cases (une vingtaine): dans chaque case, le dessin d'un objet dont le nom contient, ou non, le son [g].
– 1 dé des constellations de 1 à 3.
– 4 pions (ou 4 petites voitures).
– 4 plaques individuelles sur lesquelles est représenté une galette quadrillée.
– Des jetons (une quinzaine).

• Déroulement

• But du jeu: reconnaître le son [g] dans les noms des objets dessinés sur le plan de jeu.

• Règle du jeu:

Le plan de jeu est disposé au centre de la table. Chaque joueur dispose d'une plaque individuelle en forme de galette et d'un pion (ou d'une petite voiture). Les jetons sont rangés dans une boîte.

Chaque joueur, à tour de rôle, lance le dé.

Il fait avancer son pion (ou sa voiture) du nombre de cases équivalant au nombre de points du dé.

Il nomme, en articulant bien, l'objet représenté dans la case dans laquelle il vient de s'arrêter:
– si le mot contient le son [g], il ramasse un jeton et le place sur sa galette;
– si le mot ne contient pas le son [g], il passe son tour.

Celui qui a décoré sa galette avec le plus de jetons a gagné.

• Remarque: on peut confier le groupe à un enfant qui maîtrise bien cet exercice afin qu'il rectifie les erreurs éventuelles.

Ce jeu doit être précédé d'une phase d'acquisition (jeu du corbillon, étude d'une comptine, etc.) pour étudier le son [g].

Un plan de jeu:

Un dé:

Des jetons

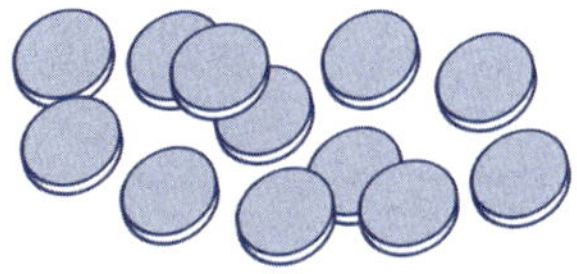

Une plaque individuelle:

Des petites voitures:

Le lapin

Étude du son [l]

Objectifs:
- Discrimination et identification auditives: entendre le son [l].
- Favoriser l'expression orale et une bonne articulation.
- Maîtriser la comptine numérique et établir la correspondance terme à terme entre chaque « mot-nombre » énoncé et chaque case décomptée.
- Comptage: notions de « plus », « moins », « autant ».

Organisation: 4 joueurs.

Matériel:
- 1 plan de jeu représentant un lapin. Dans celui-ci, un circuit divisé en cases (une vingtaine) est figuré. Dans chaque case est dessiné un objet dont le nom contient ou ne contient pas le son [l].
- 1 dé des constellations de 1 à 3.
- 4 plaques individuelles figurant chacune un petit panier.
- 4 petits lapins qui serviront de pions (en plastique, en bois ou en pâte à sel, etc.).
- Des petites carottes qui serviront de jetons (en plastique, en bois ou en pâte à sel, etc.) ; il faut prévoir autant de carottes que de mots avec le son [l].

• Déroulement

• But du jeu: reconnaître le son [l] dans les noms des objets dessinés sur le plan de jeu.

• Règle du jeu:

Le plan de jeu est placé au centre de la table. Chaque joueur dispose d'une plaque individuelle et d'un pion (un petit lapin). Les jetons (les carottes) sont rangés dans une boîte placée sur la table.

Chaque joueur, à tour de rôle, lance le dé; il fait avancer son lapin du nombre de cases équivalant au nombre de points du dé. Il nomme en articulant bien l'objet dessiné dans la case où il s'est arrêté:

– si le mot contient le son [l], il ramasse une carotte et la pose dans son panier;

– si le mot ne contient pas le son [l], il passe le dé au joueur suivant.

Celui qui a amassé le plus de carottes dans son panier a gagné.

• Remarque: ce jeu doit être précédé d'une phase d'acquisition (jeu du corbillon, étude d'une comptine, etc.) pour étudier le son [l]. Il sera contrôlé par l'enseignant ou par un enfant capable de reconnaître le son [l] dans les mots.

Un plan de jeu:

Une plaque individuelle:

Un dé:

Des carottes-jetons:

Des pions en forme de lapin:

L'avion

Étude du son [v]

Objectifs:
- Discrimination et identification auditives: entendre le son [v].
- Favoriser l'expression orale et une bonne articulation.
- Maîtriser la comptine numérique et établir la correspondance terme à terme entre chaque «mot-nombre» énoncé et chaque case décomptée.
- Comptage: notions de «plus», «moins», «autant».

Organisation: 4 joueurs.

Matériel:
- 1 plan de jeu sur lequel est figuré un circuit divisé en cases (une vingtaine). Dans chaque case est dessiné un objet dont le nom contient ou ne contient pas le son [v].
- 1 dé des constellations de 1 à 3.
- 4 plaques individuelles figurant chacune un nuage, dans lequel est dessiné un petit circuit, avec des cases de la taille des bâtonnets.
- 4 petits avions qui serviront de pions (en plastique, en bois ou en pâte à sel, etc.).
- des bâtonnets.

• Déroulement

• But du jeu: reconnaître le son [v] dans les noms des objets dessinés sur le plan de jeu.

• Règle du jeu:

Le plan de jeu est placé au centre de la table. Chaque joueur dispose d'une plaque individuelle et d'un pion (un avion). Les bâtonnets sont rangés dans une boîte placée sur la table.

Chaque joueur, à tour de rôle, lance le dé; il fait avancer son avion du nombre de cases équivalant au nombre de points du dé. Il nomme en articulant bien l'objet dessiné dans la case où il s'est arrêté:

– si le mot contient le son [v], il ramasse un bâtonnet et le pose sur son nuage;

– si le mot ne contient pas le son [v], il passe le dé au joueur suivant.

Celui qui a amassé le plus de bâtonnets sur son nuage a gagné.

• Remarque: ce jeu doit être précédé d'une phase d'acquisition (jeu du corbillon, étude d'une comptine, etc.) pour étudier le son [v]. Il sera contrôlé par l'enseignant ou par un enfant capable de reconnaître le son [v] dans les mots.

Une plaque individuelle:

Un dé:

Des bâtonnets:

Des pions en forme d'avion:

Un plan de jeu:

Le collier

Étude du son [k]

Objectifs: – Discrimination et identification auditives: entendre le son [k].
– Favoriser l'expression orale et une bonne articulation.

Organisation: 3 ou 4 joueurs.

Matériel: – 1 plan de jeu représentant un collier formé de perles vides.
– Des pastilles rondes, sur lesquelles sont dessinés des objets dont le nom contient ou ne contient pas le son [k] ; il faut prévoir autant de pastilles avec le son [k] qu'il y a de perles à compléter (entre 10 et 15).

● Déroulement

• But du jeu: reconnaître le son [k] dans les noms des objets dessinés sur les pastilles.

• Règle du jeu: Le plan de jeu est disposé au centre de la table.

Les pastilles rondes sont mélangées, placées en tas, à l'envers sur la table.

Chaque joueur, à tour de rôle, retourne une pastille; il nomme en articulant bien l'objet dessiné sur celle-ci:

– si le mot contient le son [k], il place la perle (la pastille) sur le collier;

– si le mot ne contient pas le son [k], il laisse la pastille à l'endroit devant lui.

• Remarque: ce jeu pourra être facilement contrôlé quand toutes les pastilles auront été placées.

Un plan de jeu
(situation en cours de jeu):

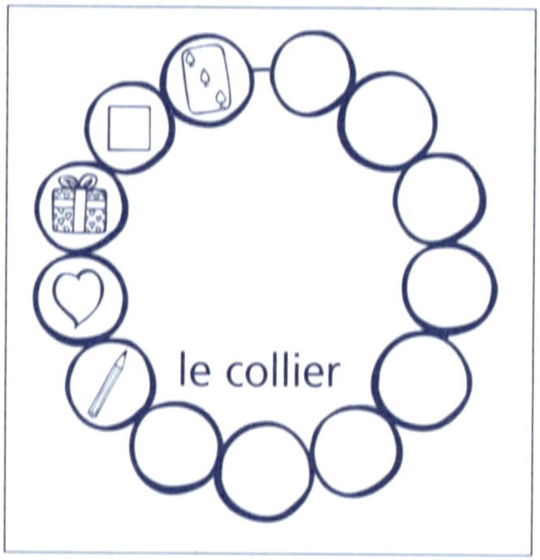

Des pastilles «perles»:

Mots ne contenant pas le son [k] / **Mots contenant le son [k]**

Le pommier

Étude du son [p]

Objectifs: – Discrimination et identification auditives: entendre le son [p].
– Favoriser l'expression orale et une bonne articulation.

Organisation: 3 ou 4 joueurs.

Matériel: – 1 plan de jeu représentant un pommier avec ses pommes.
– Des pastilles rondes, sur lesquelles sont dessinés des objets dont le nom contient ou ne contient pas le son [p] ; il faut prévoir autant de pastilles avec le son [p] qu'il y a de pommes à compléter (une douzaine).

• Déroulement

• But du jeu: reconnaître le son [p] dans les noms des objets dessinés sur les pastilles.

• Règle du jeu: Le plan de jeu est disposé au centre de la table.

Les pastilles rondes sont mélangées, placées en tas, à l'envers sur la table.

Chaque joueur, à tour de rôle, retourne une pastille; il nomme en articulant bien l'objet dessiné sur celle-ci:

– si le mot contient le son [p], il place la pastille sur une pomme de l'arbre;

– si le mot ne contient pas le son [p], il place la pastille à l'endroit devant lui.

• Remarque: ce jeu pourra être facilement contrôlé quand toutes les pastilles auront été placées.

Un plan de jeu (situation en cours de jeu):

Des pastilles:

etc.

Les nids

Étude du son [n]

Objectifs:	– Discrimination et identification auditives: entendre le son [n]. – Favoriser l'expression orale et une bonne articulation.
Organisation:	3 ou 4 joueurs.
Matériel:	– 1 plan de jeu représentant un arbre avec des nids vides. – Des pastilles rondes, sur lesquelles sont dessinés des objets dont le nom contient ou ne contient pas le son [n] ; il faut prévoir autant de pastilles avec le son [n] qu'il y a de nids à compléter.

• Déroulement

• But du jeu: reconnaître le son [n] dans les noms des objets dessinés sur les pastilles.

• Règle du jeu: Le plan de jeu est disposé au centre de la table.

Les pastilles rondes sont mélangées, placées en tas, à l'envers sur la table.

Chaque joueur, à tour de rôle, retourne une pastille; il nomme en articulant bien l'objet dessiné sur celle-ci:

– si le mot contient le son [n], il place la pastille dans un petit nid;

– si le mot ne contient pas le son [n], il laisse la pastille à l'endroit devant lui.

• Remarque: ce jeu pourra être facilement contrôlé quand toutes les pastilles auront été placées.

Un plan de jeu (situation en cours de jeu):

Des pastilles:

etc.

La fumée

Étude du son [f]

Objectifs:
- Discrimination et identification auditives: entendre le son [f].
- Favoriser l'expression orale et une bonne articulation.

Organisation: 3 ou 4 joueurs.

Matériel:
- 1 plan de jeu représentant un toit et une cheminée avec des petits nuages symbolisant la fumée.
- Des pastilles rondes, sur lesquelles sont dessinés des objets dont le nom contient ou ne contient pas le son [f] ; il faut prévoir autant de pastilles avec le son [f] qu'il y a de nuages à compléter.

● Déroulement

• But du jeu: reconnaître le son [f] dans les noms des objets dessinés sur les pastilles.

• Règle du jeu: Le plan de jeu est disposé au centre de la table.
Les pastilles rondes sont mélangées, placées en tas, à l'envers sur la table.
Chaque joueur, à tour de rôle, retourne une pastille; il nomme en articulant bien l'objet dessiné sur celle-ci:
– si le mot contient le son [f], il place la pastille sur un petit nuage;
– si le mot ne contient pas le son [f], il la laisse à l'endroit devant lui.

• Remarque: ce jeu pourra être facilement contrôlé quand toutes les pastilles auront été placées.

Un plan de jeu (situation en cours de jeu):

Des pastilles:

etc.

La tortue
Étude du son [t]

Objectifs: – Discrimination et identification auditives: entendre le son [t].
– Favoriser l'expression orale et une bonne articulation.

Organisation: 3 ou 4 joueurs.

Matériel: – 1 plan de jeu représentant une tortue dont la carapace quadrillée correspond à l'emplacement des étiquettes.
– Des étiquettes, sur lesquelles sont dessinés des objets dont le nom contient ou ne contient pas le son [t] ; il faut prévoir autant d'étiquettes avec le son [t] qu'il y a de cases à compléter (une douzaine).

● Déroulement

• But du jeu: reconnaître le son [t] dans les noms des objets dessinés sur les étiquettes.

• Règle du jeu: Le plan de jeu est disposé au centre de la table.
Les étiquettes sont mélangées, placées en tas, à l'envers sur la table.
Chaque joueur, à tour de rôle, retourne une étiquette; il nomme en articulant bien l'objet dessiné sur celle-ci:
– si le mot contient le son [t], il place l'étiquette sur la carapace de la tortue;
– si le mot ne contient pas le son [t], il la laisse à l'endroit devant lui.

• Remarque: ce jeu pourra être facilement contrôlé quand toutes les étiquettes auront été placées.

Un plan de jeu:

Des étiquettes:

etc.

La jupe

Étude du son [ʒ]

Objectifs: – Discrimination et identification auditives: entendre le son [ʒ].
– Favoriser l'expression orale et une bonne articulation.

Organisation: 2, 3 ou 4 joueurs.

Matériel: – 1 plan de jeu représentant une jupe.
– Des étiquettes, sur lesquelles sont dessinés des objets dont le nom contient ou ne contient pas le son [ʒ].

● Déroulement

• But du jeu: reconnaître le son [ʒ] dans les noms des objets dessinés sur les étiquettes.

• Règle du jeu: Le plan de jeu est disposé au centre de la table.

Les étiquettes sont mélangées, placées en tas, à l'envers sur la table.

Chaque joueur, à tour de rôle, retourne une étiquette; il nomme en articulant bien l'objet dessiné sur celle-ci:

– si le mot contient le son [ʒ], il place l'étiquette sur la jupe;

– si le mot ne contient pas le son [ʒ], il laisse l'étiquette à l'endroit devant lui.

• Remarque: ce jeu pourra être facilement contrôlé quand toutes les étiquettes auront été placées.

Un plan de jeu:

Des étiquettes:

etc.

Le damier

Étude du son [d]

Objectifs: – Discrimination et identification auditives: entendre le son [d].
– Favoriser l'expression orale et une bonne articulation.

Organisation: 4 joueurs.

Matériel: – 1 plan de jeu représentant un damier, dont les cases blanches sont à compléter.
– Des étiquettes, sur lesquelles sont dessinés des objets dont le nom contient ou ne contient pas le son [d]; il faut prévoir autant d'étiquettes avec le son [d] qu'il y a de cases à compléter.

Déroulement

• But du jeu: reconnaître le son [d] dans les noms des objets dessinés sur les étiquettes.

• Règle du jeu: Le plan de jeu est disposé au centre de la table.

Les étiquettes sont mélangées, placées en tas, à l'envers sur la table.

Chaque joueur, à tour de rôle, retourne une étiquette; il nomme en articulant bien l'objet dessiné sur celle-ci:

– si le mot contient le son [d], il place l'étiquette sur une case blanche du damier;

– si le mot ne contient pas le son [d], il laisse l'étiquette à l'endroit devant lui.

• Remarque: ce jeu pourra être facilement contrôlé quand toutes les étiquettes auront été placées.

Un plan de jeu (situation en cours de jeu):

Des étiquettes:

La balle

Étude du son [b]

Objectifs: – Discrimination et identification auditives: entendre le son [b].
– Favoriser l'expression orale et une bonne articulation.

Organisation: 4 joueurs.

Matériel: – 4 plaques individuelles figurant chacune une balle.
– 20 à 24 étiquettes, sur lesquelles sont dessinés des objets dont le nom contient ou ne contient pas le son [b]; il faut prévoir 12 à 16 étiquettes avec le son [b].

• Déroulement

• But du jeu: reconnaître le son [b] dans les noms des objets dessinés sur les étiquettes.

• Règle du jeu: Chaque joueur dispose d'une plaque individuelle.

Les étiquettes sont mélangées, placées en tas, à l'envers sur la table.

Chaque joueur, à tour de rôle, retourne une étiquette; il nomme en articulant bien l'objet dessiné sur celle-ci:

– si le mot contient le son [b], il place l'étiquette sur sa balle;

– si le mot ne contient pas le son [b], il place l'étiquette à l'endroit devant lui.

• Remarque: ce jeu pourra être facilement contrôlé quand toutes les étiquettes auront été placées.

Une plaque individuelle (situation en cours de jeu):

Des étiquettes:

Mots contenant le son [b]

bouton

bonnet

bougie

etc.

Mots ne contenant pas le son [b]

souris

roi

lune

etc.

28

La tortue et le disque

Étude des sons [d] et [t]

Objectifs: – Développer l'acuité auditive.
– Distinguer les sons proches mais différents.
– Favoriser l'expression orale et une bonne prononciation.

Organisation: 2 joueurs.

Matériel*: – 2 planches de jeu, l'une représente une tortue divisée en 6 cases pour le son [t] et l'autre représente un disque partagé en 6 cases pour le son [d].
– 12 étiquettes: 6 avec des images dont les noms commencent par le son [t] et 6 avec des images dont les noms commencent par le son [d].

• Déroulement

• But du jeu: identifier le son situé au début du nom des éléments dessinés sur les étiquettes; compléter sa plaque avec des étiquettes dont le nom de l'image commence par le phonème indiqué.

• Règle du jeu:

Chaque joueur a une planche de jeu.

Les étiquettes sont mélangées et posées en tas au milieu de la table.

Chaque joueur, à tour de rôle, retourne une étiquette; il nomme le nom de l'objet en articulant bien le début du mot afin de distinguer le phonème «doux» [d] ou le phonème «fort» [t].

Si le phonème du début du mot correspond au phonème de sa planche, il pose l'étiquette sur une case.

Sinon, il la pose à l'envers en formant un second tas à côté du premier.

Le premier qui a complété sa plaque a gagné.

Les 2 planches de jeu*:

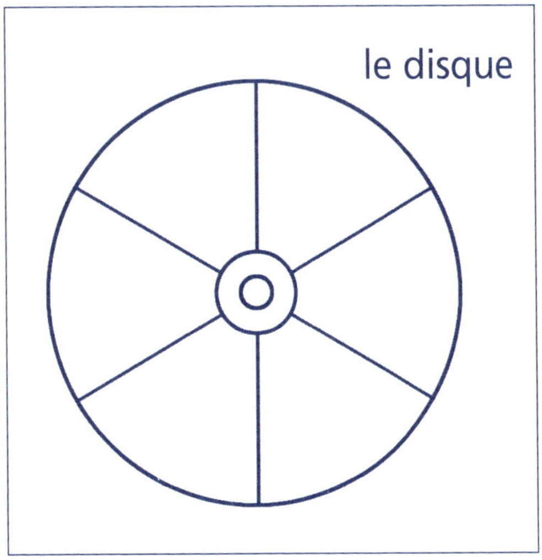

Les étiquettes*:

dindon

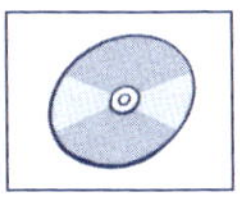
disque

dame

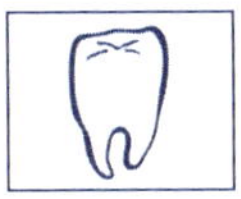
dent

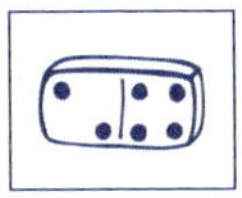
domino

dinosaure

tortue

table

tulipe

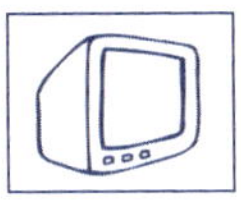
télé

train

tapis

* Le matériel signalé d'une astérisque est téléchargeable sur le site des éditions Retz : www.editions-retz.com

29

Le panier et le bol

Étude des sons [b] et [p]

Objectifs:
- Développer l'acuité auditive.
- Distinguer les sons proches mais différents.
- Favoriser l'expression orale et une bonne prononciation.

Organisation: 2 joueurs.

Matériel*:
- 2 planches de jeu; l'une représente un bol divisé en 6 cases pour le son [b] et l'autre représente un panier partagé en 6 cases pour le son [p] ;
- 12 étiquettes: 6 avec des images dont les noms commencent par le son [b] et 6 avec des images dont les noms commencent par le son [p].

● Déroulement

• But du jeu: identifier le son situé au début du nom des éléments représentés sur les étiquettes; compléter sa plaque avec des étiquettes dont le nom de l'image commence par le phonème indiqué.

• Règle du jeu:

Chaque joueur a une planche de jeu.

Les étiquettes sont mélangées et posées en tas au milieu de la table.

Chaque joueur, à tour de rôle, retourne une étiquette; il nomme le nom de l'objet en articulant bien le début du mot afin de distinguer le phonème «doux» [b] ou le phonème «fort» [p].

Si le phonème du début du mot correspond au phonème de sa planche, il pose l'étiquette sur une case.

Sinon, il la pose à l'envers en formant un second tas à côté du premier.

Le premier qui a complété sa plaque a gagné.

Les 2 planches de jeu* :

le panier

le bol

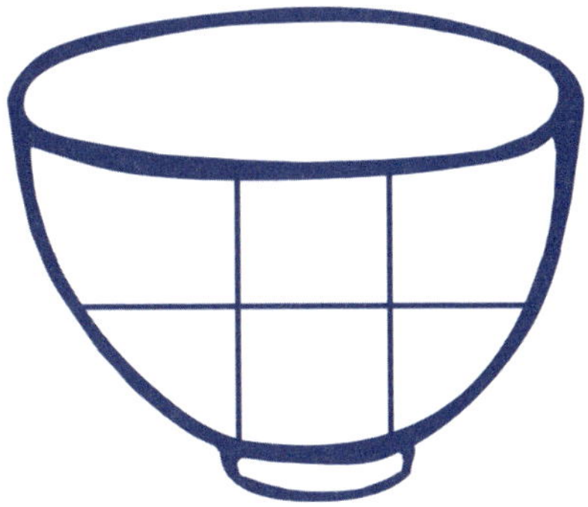

Les étiquettes* :

balle

banane

bouteille

botte

bateau

bouton

pomme

pantalon

porte

poule

parapluie

papillon

* Le matériel signalé d'une astérisque est téléchargeable sur le site des éditions Retz : www.editions-retz.com

Le képi et la galette

Étude des sons [k] et [g]

Objectifs:
- Développer la discrimination auditive.
- Distinguer les sons proches mais différents.
- Favoriser l'expression orale et une bonne prononciation.

Organisation: 2 joueurs.

Matériel*:
- 2 planches de jeu; l'une représente un képi divisé en 6 cases pour le son [k] et l'autre représente un gâteau partagé en 6 cases pour le son [g].
- 12 étiquettes: 6 avec des images dont les noms contiennent le son [k] (fort) et 6 avec des images dont les noms contiennent le son [g] (doux).

• Déroulement

• But du jeu: identifier le son situé au début du nom des éléments dessinés sur les étiquettes ; compléter sa plaque avec des étiquettes dont le nom de l'image commence par le phonème indiqué.

• Règle du jeu:

Chaque joueur a une planche de jeu.

Les étiquettes sont mélangées et posées en tas, au milieu de la table.

Chaque joueur, à tour de rôle, retourne une étiquette; il nomme le nom de l'objet en articulant bien le début du mot afin de distinguer le phonème « doux » [g] ou le phonème « fort » [k].

Si le phonème du début du mot correspond au phonème de sa planche, il pose l'étiquette sur une case.

Sinon, il la pose à l'envers en formant un second tas à côté du premier.

Le premier qui a complété sa plaque a gagné.

Les 2 planches de jeu* :

Les étiquettes* :

kangourou

képi

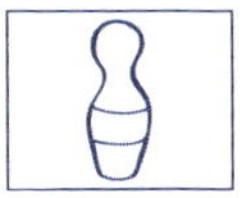
quille

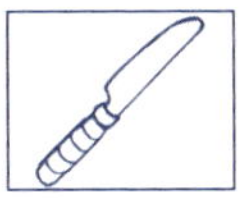
couteau

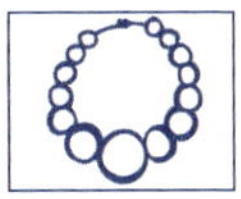
collier

carte

grenouille

gorille

gazelle

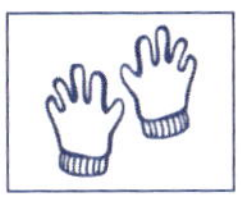
gants

gomme

gâteau

* Le matériel signalé d'une astérisque est téléchargeable sur le site des éditions Retz : www.editions-retz.com

Le château et la jupe

Étude des sons [ʃ] et [ʒ]

Objectifs: – Développer la discrimination auditive.
– Distinguer les sons proches mais différents [ʃ] et [ʒ].
– Favoriser l'expression orale et une bonne prononciation.

Organisation: 2 joueurs.

Matériel*: – 2 planches de jeu; l'une représente un château divisé en 6 cases pour le son [ʃ] et l'autre représente une jupe partagée en 6 cases pour le son [ʒ].
– 12 étiquettes: 6 avec des images dont les noms commencent par le son [ʃ] et 6 avec des images dont les noms commencent par le son [ʒ].

• Déroulement

• But du jeu: compléter chaque plaque avec les images pour lesquelles on entend le phonème indiqué au début du mot.

• Règle du jeu:

Chaque joueur a une planche de jeu.

Les étiquettes sont mélangées et posées en tas, au milieu de la table.

Chaque joueur, à tour de rôle, retourne une étiquette; il nomme le nom de l'objet en articulant bien le début du mot afin de distinguer le phonème «doux» [ʒ] ou le phonème «fort» [ʃ].

Si le phonème du début du mot correspond au phonème de sa planche, il pose l'étiquette sur une case.

Sinon, il la pose à l'envers en formant un second tas à côté du premier.

Le premier qui a complété sa plaque a gagné.

Les 2 planches de jeu*:

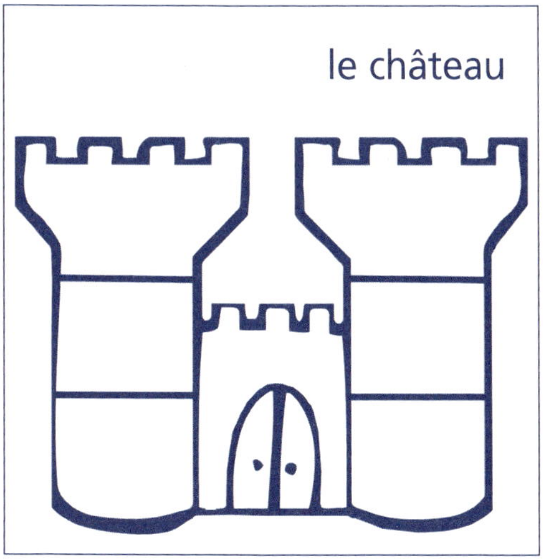

Les étiquettes*:

jupe

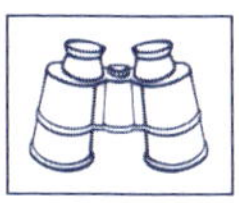
jumelles

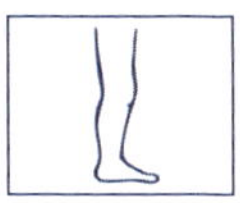
jambe

girafe

journal

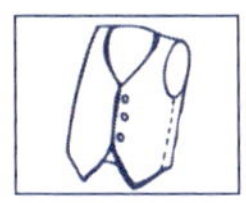
gilet

château

champignon

chapeau

chien

chat

chameau

* Le matériel signalé d'une astérisque est téléchargeable sur le site des éditions Retz : www.editions-retz.com

La maison des lettres de l'alphabet

Objectifs :
– Développer l'acuité visuelle et auditive.
– Identifier et nommer les lettres de l'alphabet.
– Repérer le phonème du début d'un mot identique au son d'une lettre.

Organisation : Collectif.

Matériel :
– Un grand plan de jeu composé d'une maison pourvue de 26 fenêtres fermées par des volets.
– Sur chaque volet se trouve une étiquette avec une lettre.
– Sous le volet se trouve une image dont le nom commence par le phonème de la lettre du volet.
– 26 images identiques à celles cachées sous les volets.

● Déroulement

• But du jeu : associer chaque image à la lettre qui correspond au son du début de son nom.

Ouvrir le volet dont la lettre (graphème) correspond au son (phonème) du début du mot de l'image ramassée. Le jeu est terminé lorsque tous les volets de la maison sont ouverts et que toutes les images ont été ramassées.

• Règle du jeu :

Le grand plan de jeu est posé sur le tapis ; les élèves sont assis sur des bancs tout autour.

Les 26 images sont mélangées et réunies en un tas posé à l'envers sur le tapis.

Chaque enfant, à tour de rôle, retourne une image. Sur la maison, il doit repérer la lettre de l'alphabet qui correspond au son du début du mot de son image.

Il vérifie ses hypothèses en soulevant le volet de la lettre qu'il a nommée et identifiée :

– si les deux images sont identiques, il a gagné et peut garder l'image ; le volet de cette fenêtre reste ouvert ;

– si les deux images sont différentes, il a perdu et il met cette image à l'envers en un autre tas posé à côté du premier.

On referme le volet de cette fenêtre.

> *Exemple :*
> *Le joueur A retourne la première image : c'est celle de la pomme. Il dit par exemple : « B comme POMME ! ».*
> *Il ouvre le volet correspondant (B) pour vérifier son hypothèse ; celle-ci est inexacte : sous le volet apparaît l'image de Bébé !*
> *« Pomme » ne correspond donc pas au son [b] ; l'enseignant (ou les élèves eux-mêmes) peut (peuvent) émettre leur avis et expliquer la différence entre les deux sons proches [p] et [b].*

Le joueur n'a pas le droit de conserver l'image : il la remet sur un autre tas à côté du premier et on referme le volet.
Le joueur B retourne l'image suivante, sur laquelle apparaît un lit. Il dit :
– « L comme lit ! » ;
– ou « lit, ça commence par un L » ;
– ou « dans lit, on entend un L » ;
– ou « au début de lit, on entend un L ! ».
Il repère la lettre L sur la maison, et ouvre le volet correspondant ; sous le volet apparaît un lit : l'hypothèse est confirmée. le volet reste ouvert et le joueur conserve l'image.
Le joueur C retourne l'image suivante, sur laquelle apparaît un âne. Il dit par exemple : « Âne, ça commence par un A ! ».
Il repère la lettre A, ouvre le volet : son hypothèse est confirmée car les deux images sont identiques ; il a gagné et a le droit de garder l'image.
Et ainsi de suite...

Lorsque le premier tas est épuisé, on entame le second tas (images correspondant aux erreurs précédentes) ; quand tous les volets sont ouverts et qu'il n'y a plus d'images sur le tapis, le jeu est terminé.

La maison avec les volets fermés :

A	B	C	D	E	F	G
H	I	J	K	L	M	N
O	P	Q	R	S	T	U
	V	W	X	Y	Z	

La maison avec les volets ouverts :

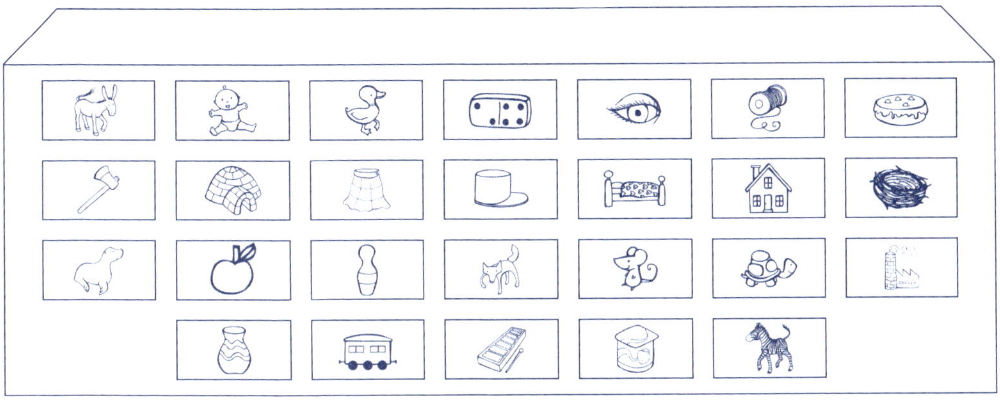

33

La maison des sons

Étude des sons [ɔ̃] (« on »), [ɛ̃] (« in »), [u] (« ou »), [wa] (« oi »)

Objectifs: – Discrimination et identification auditives: reconnaître les sons [ɔ̃], [ɛ̃], [u], [wa] dans les mots.
– Favoriser l'expression orale: entraîner les enfants à une bonne articulation et à une bonne prononciation.
– Favoriser la mémoire.

Organisation: 4 joueurs.

Matériel: – 4 plaques de jeu individuelles. Chacune d'entre elles représente la silhouette d'un objet dont le nom contient l'un des phonèmes que l'on souhaite faire étudier aux enfants; chaque silhouette est divisée en 6 cases.
– 24 pastilles (6 pour chaque phonème) sur lesquelles sont dessinés des objets dont le nom contient un des phonèmes étudiés.

• Déroulement

• But du jeu: reconnaître les sons [ɔ̃], [ɛ̃], [u], [wa] dans les noms des objets dessinés sur les pastilles; compléter sa plaque de manière exacte avec les pastilles correspondant au son indiqué.

• Règle du jeu:

Chaque joueur dispose d'une plaque individuelle correspondant à un son différent. Les pastilles sont réparties, à l'envers, au centre de la table.

Chacun à son tour retourne une pastille puis nomme l'objet en articulant bien. S'il entend le son illustré par la silhouette de sa plaque, il place la pastille dans l'une des cases. Sinon, il la repose à l'envers.

Les autres joueurs peuvent ainsi mémoriser l'emplacement des pastilles qu'ils voudraient poser sur leurs plaques.

Le premier qui a complété sa plaque a gagné.

• Variante: jeu individuel

• Règle du jeu:

Chaque enfant dispose d'une plaque et d'une boîte dans laquelle se trouvent deux sortes de pastilles: des pastilles représentant des objets dont le nom contient le même phonème que celui de la silhouette de la plaque, et des « intrus ». Les noms des objets représentés sur les pastilles « intruses » ne contiennent pas le phonème recherché.

L'enfant doit compléter sa plaque sans se tromper (sans y placer d'intrus).

Une plaque individuelle (situation initiale):

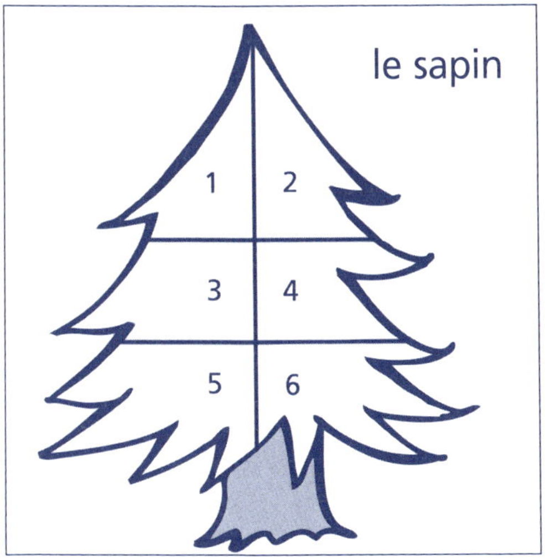

Une plaque individuelle (situation en cours de jeu):

Une plaque individuelle (situation en cours de jeu):

Une plaque individuelle (situation en cours de jeu):

34

Le jeu de la bataille

Étude des sons [ã] (« an »), [ɔ̃] (« on »), [ɛ̃] (« in »), [u] (« ou »)

Objectifs: – Développer l'acuité auditive.
– Identifier et distinguer les sons à la fin des mots.
– Favoriser l'expression orale et une bonne articulation.

Organisation: 2 joueurs.

Matériel: 32 (4 x 8) cartes avec des images d'objets dont les noms se terminent par les sons [ã], [ɔ̃], [ɛ̃], [u].

● Déroulement

• But du jeu: celui qui a ramassé le plus de cartes à la fin du jeu a gagné.

• Règle du jeu:

20 cartes sont distribuées aux joueurs; les 12 cartes qui restent forment la pioche, placée au milieu de la table.

Le joueur A pose une carte de son choix à l'endroit en nommant l'objet représenté. Le joueur B doit placer à côté de celle-ci une carte dont le nom de l'objet se termine par le même son.

> *Exemple:*
> *Le joueur A pose une carte avec une image de patins ; il dit : « patins » !*
> *Le joueur B :*
> *– S'il a une carte avec un objet dont le nom rime avec « patin », par exemple « lapin », il nomme le mot, pose l'image à côté des « patins », ramasse les deux cartes et les pose devant lui à l'envers en un tas.*
> *– S'il n'a pas d'objet qui se termine par « in », il pioche une carte. Si cette carte représente un objet dont le nom se termine par « in », par exemple « moulin », il la pose à côté du « patin » et ramasse les deux cartes. Si le nom de l'objet pioché ne se termine pas par « in », il pose quand même cette carte à côté des « patins », mais c'est le joueur A qui ramasse les deux cartes et les pose à l'envers en un tas devant lui.*
> *C'est le joueur qui a ramassé la paire qui remet une carte en jeu avec le phonème de son choix (an – on – in – ou).*

S'il ne reste que la pioche, chaque joueur prend une carte à tour de rôle.

Quand on n'a plus de cartes en main, on compte les cartes qu'on a ramassées.

Les cartes:

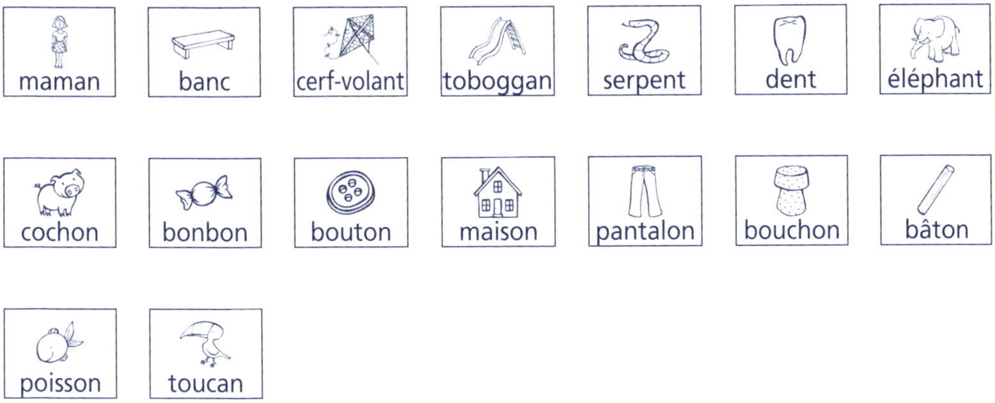
maman
banc
cerf-volant
toboggan
serpent
dent
éléphant
cochon
bonbon
bouton
maison
pantalon
bouchon
bâton
poisson
toucan

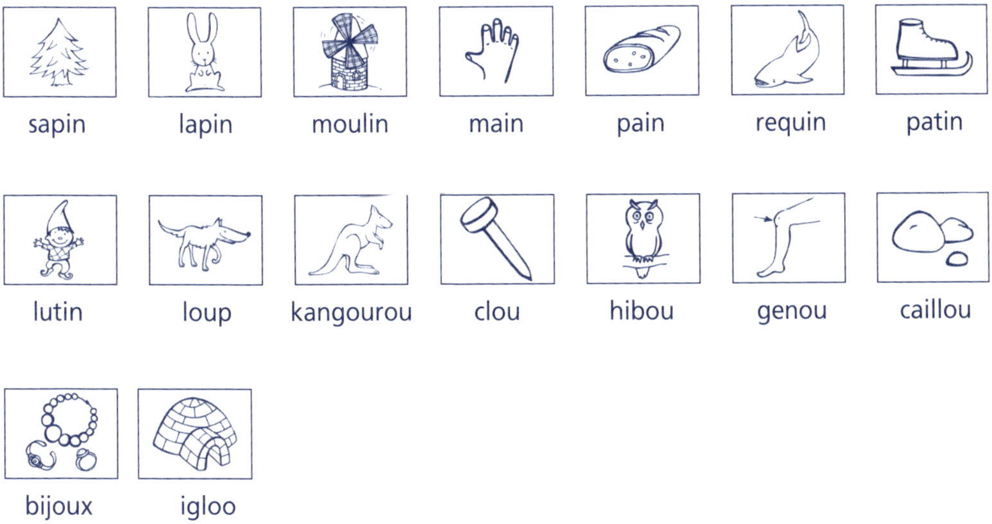
sapin
lapin
moulin
main
pain
requin
patin
lutin
loup
kangourou
clou
hibou
genou
caillou
bijoux
igloo

35

Les gourmands

Étude des sons [ɛ̃] (« in »), [ar] (« ard »), [ɔ̃] (« on »), [ier] (« ier »)

Objectifs:
- Développer l'acuité auditive.
- Distinguer les sons à la fin du mot.
- Favoriser l'expression orale et une bonne articulation.

Organisation: 4 joueurs.

Matériel*:
- 4 planches; sur chaque planche est représenté un animal; dans son ventre est dessiné un grand rond qui représente son estomac.
- 24 (4 x 6) étiquettes avec des images (ou images associées aux mots) dont les noms se terminent par les sons [ɛ̃], [ar], [ɔ̃], [ier].

● Déroulement

• But du jeu: compléter sa planche de manière exacte en plaçant les éléments « qui riment » avec le nom de l'animal dans le ventre de celui-ci.

• Règle du jeu:

Chaque joueur a une planche de jeu.

Les 24 étiquettes sont mélangées et retournées à l'envers, en tas, au milieu de la table.

Chaque joueur, à tour de rôle, retourne une carte et nomme l'objet, par exemple: « moulin ».

Le joueur qui a la planche avec le lapin ramasse la carte et la pose dans le ventre du lapin.

Le joueur suivant retourne une autre carte et nomme l'objet, par exemple: « collier ».

Le joueur qui a la planche avec le sanglier ramasse la carte et la pose dans le ventre du sanglier.

Le premier qui a complété sa planche (6 images) a gagné. Le jeu se poursuit jusqu'à ce que toutes les images soient posées sur les planches de jeu.

Les planches* :

Les images* :

* Le matériel signalé d'une astérisque est téléchargeable sur le site des éditions Retz : www.editions-retz.com

Le jeu des 4 familles

Étude des sons [ail] (« ail »), [ij] (« ille »), [euil] (« euil »), [eill] (« eille »)

Objectifs: – Développer l'acuité auditive.
– Identifier et différencier les sons à la fin des mots.
– Favoriser l'expression orale et une bonne prononciation.

Organisation: 4 joueurs.

Matériel: – 28 cartes (4 x 7) avec des images: chaque famille comporte 7 éléments.
– 4 bandes comportant chacune 7 cases vierges.

● Déroulement

• But du jeu: former 4 familles de 7 images dont le nom se termine par le même son.

• Règle du jeu:

Distribuer 5 cartes à chaque joueur. Les cartes qui restent forment la pioche.

Chaque joueur pose ses cartes à l'endroit, devant lui, visibles par les autres joueurs.

Chaque joueur observe ses cartes et annonce la famille qu'il souhaite constituer.

Généralement, on choisit la famille dont on a déjà le plus d'éléments.

Chaque joueur choisit une famille différente.

Le dernier joueur doit donc choisir la famille qui n'a pas été annoncée, même s'il n'a aucune carte de cette famille dans son jeu.

Chaque joueur, à tour de rôle, observe les cartes des autres joueurs; il demande une carte à l'un de ses camarades pour compléter sa famille; sinon, il tire une carte dans la pioche.

Le premier qui a complété sa famille a gagné.

Le jeu continue jusqu'à ce qu'il ne reste plus de carte et que chacun ait complété sa famille.

• Remarque: ce jeu oblige les enfants à nommer les images à voix haute pour entendre la terminaison de ces mots et pour en identifier le son.

AIL							

Cartes avec les images (situation finale):

AIL							
	paille	épouvantail	portail	ail	vitrail	éventail	cobaye

ILLE	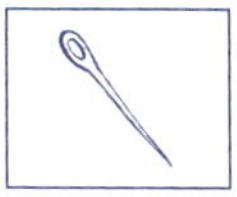	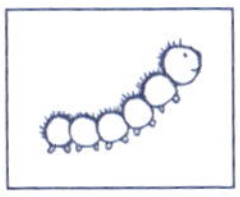		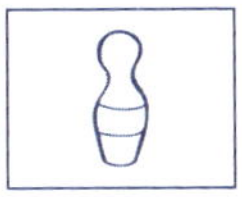			
	aiguille	chenille	bille	quille	gorille	coquille	fille

EUIL	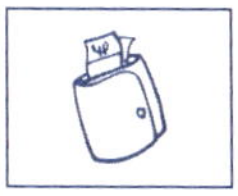	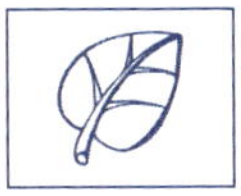					
	portefeuille	feuille	œil	cercueil	écureuil	fauteuil	chevreuil

EILLE	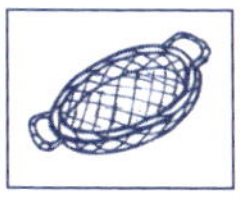	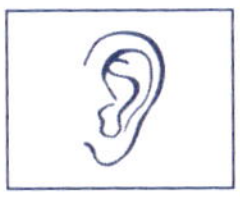					
	corbeille	oreille	groseille	réveil	abeille	bouteille	soleil

• Variante

Pour simplifier le jeu, on peut prévoir 4 plaques de jeu avec les 7 images qui permettent de constituer une famille.

Chaque joueur choisira la plaque de jeu qui correspond à la famille qu'il veut construire.

Exemple de la plaque avec le son «eille» :

EILLE	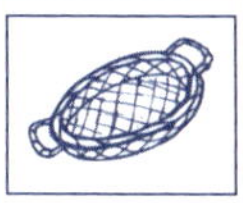	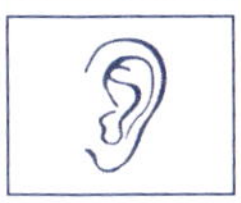					
	corbeille	oreille	groseille	réveil	abeille	bouteille	soleil

37

Jeu de langage

Production de textes

Objectifs: – Développer la discrimination auditive : distinguer un phonème identique dans les mots.
– Favoriser l'expression orale et l'imagination.

Organisation: Collectif.

● Déroulement

• But du jeu: construire une phrase avec des mots où l'on entend le même phonème.

Exemples:
A: Anaïs mange des Ananas au Canada.
B: Dans son Berceau, Bébé Boit son Biberon et suce un BonBon.
C: Colas Court dans la Cour de l'école.
D: Damien Dort sur le Divan chez Dorian.
E: Eugénie mange un Œuf tout nEuf.
F: Fanfan Fait le Fou dans la Forêt.
G: Le Gorille Goûte la Galette de Guillemette.
H: Le Hibou Hulule en faisant « Hou – Hou, Hou – Hou ! »

Prolongement

Réalisation d'un petit livre illustré par les enfants.

Jeux de lecture

C'est en jouant avec des lettres que l'enfant va apprendre à les nommer, à les reconnaître et à retenir l'orthographe des mots.

C'est en jouant avec les mots que l'enfant va progressivement les mémoriser et constituer son vocabulaire.

C'est en construisant lui-même des phrases qu'il va prendre conscience de la structure syntaxique, de la composition sujet-verbe-complément, et percevoir que l'écrit traduit du sens.

La roue de l'alphabet

Reconnaissance des lettres de l'alphabet

Objectifs:
- Développer la discrimination visuelle.
- Identifier les lettres de l'alphabet à l'écrit et savoir les nommer.

Organisation: Collectif ou 4 joueurs.

Matériel:
- Un plan de jeu sur lequel est reproduit un double circuit de 26 cases. Sur le circuit extérieur sont reproduites les lettres de l'alphabet; les cases du circuit intérieur sont vides.
- 26 cartes avec des mots associés à l'image correspondant à chacune des lettres de l'alphabet (exemple: A – ANE).
- un dé avec des constellations de 1 à 6 points (ou 1 à 3 points).
- 4 pions.

• Déroulement

• But du jeu: identifier la lettre du début des mots ; compléter le plan de jeu en faisant correspondre à chaque lettre manuscrite un objet dont le nom commence par la même lettre.

• Règle du jeu:

Le plan de jeu est disposé au milieu du tapis (ou de la table). Les 26 cartes sont mélangées et posées à l'endroit au milieu du tapis (ou de la table).

Chaque joueur, à tour de rôle, lance le dé et fait avancer son pion sur le circuit extérieur d'un nombre de cases équivalant au nombre de points du dé. Il nomme la lettre de l'alphabet et repère l'image dont le mot commence par cette lettre. Il place cette carte à l'endroit sous la lettre correspondante.

Exemple:
Le premier joueur lance le dé; celui-ci indique 3 points. Il avance de trois cases sur le circuit et s'arrête sur la lettre C. Il repère l'image dont le mot commence par la même lettre et dit: « Collier, ça commence par un C. » Il pose cette carte à l'endroit sur la case du C.
S'il ne trouve pas l'image, il passe son tour et le joueur suivant lance le dé.
S'il s'arrête sur une case déjà munie d'une carte, il passe son tour.
Le circuit étant fermé, on peut en faire plusieurs fois le tour, jusqu'à ce que toutes les cases soient complétées.

• Remarque: dans ce jeu, il n'y a pas vraiment de gagnant; le jeu est terminé lorsque toutes les cases sont complétées avec les cartes.

Le circuit:

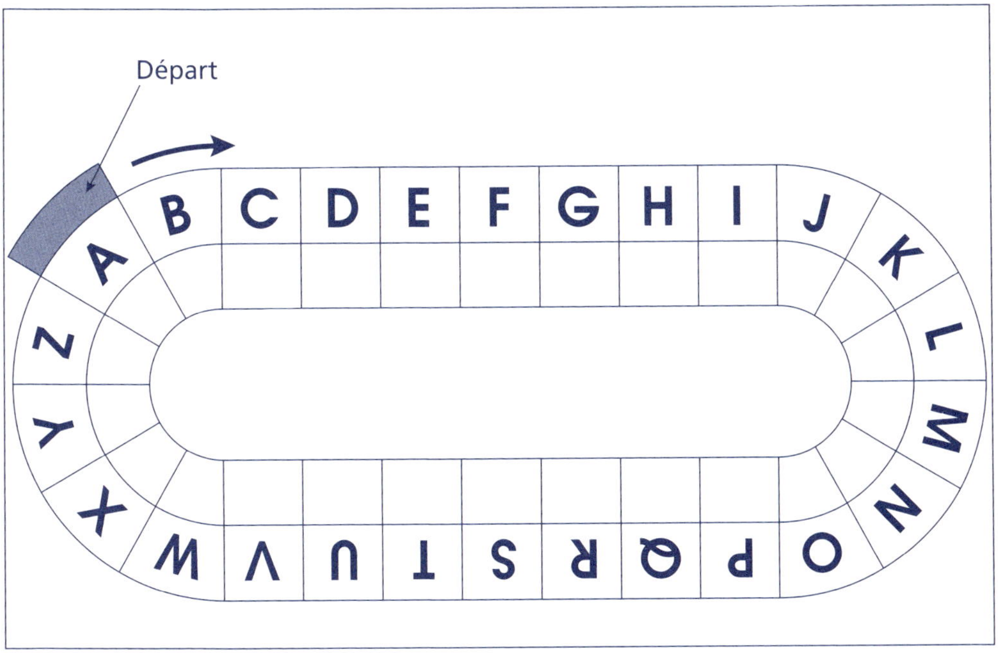

Des cartes images et mots:

• Remarque: ce jeu est assez simple; il favorise surtout l'acuité visuelle et son objectif est d'identifier les lettres à l'écrit et de savoir les nommer : l'enfant peut repérer une carte uniquement par la lettre du début du mot. Mais il peut également favoriser l'identification et l'orthographe des mots écrits sous les images.

La file alphabétique

Apprentissage de la suite des lettres de l'alphabet

Objectifs:
- Développer l'acuité visuelle et auditive.
- Connaître la suite de l'alphabet.
- Identifier les lettres à l'écrit et savoir les nommer.

Organisation: 4 joueurs.

Matériel :
- 24 cartes avec les lettres de l'alphabet de B à Y.
- Une bande avec les 26 cases correspondant aux lettres de l'alphabet.

• Déroulement du jeu

• But du jeu: reconstituer la file alphabétique en plaçant les lettres dans l'ordre conventionnel.

• Règle du jeu:

Les cartes sont mélangées et distribuées aux joueurs; chacun a 6 cartes.

Celui qui a la lettre B commence le jeu en posant la lettre B et en la nommant dans la deuxième case. Le joueur qui a la lettre C place celle-ci, en la nommant, dans la troisième case. Ensuite, c'est le joueur qui a la lettre D qui complète la file alphabétique, et ainsi de suite...

Le jeu continue jusqu'à ce qu'on ait complété la file alphabétique de manière exacte.

• Remarque: ce jeu suppose que les enfants connaissent déjà bien « la comptine de l'alphabet » (c'est-à-dire qu'ils sachent énumérer la suite des lettres de l'alphabet oralement).

Les cartes:

B	C	D	E	F	G	H	I	J	K
L	M	N	O	P	Q	R	S	T	U
V	W	X	Y						

La bande:

A																									Z

● Variante

Pour simplifier le jeu, on peut prévoir une bande sur laquelle sont déjà écrites les lettres. La consigne se limitera alors à repérer la lettre identique à celle écrite dans chaque case et (éventuellement) à savoir la nommer avant de la déposer sur la bande.

La bande:

A	B	C	D	E	F	G	H	I	J	K	L	M	N	O	P	Q	R	S	T	U	V	W	X	Y	Z

Les mots

Il faut faire en sorte que l'enfant aborde la lecture comme un jeu plaisant et non comme un travail rébarbatif, même s'il est nécessaire d'introduire de la rigueur dans l'apprentissage et l'automatisation de la reconnaissance des mots. Les jeux qui suivent ont pour objectifs de donner le goût des mots et l'envie de lire, et pour cela il est nécessaire de:

– donner un sens aux mots – qui sont à priori des choses abstraites – grâce au dictionnaire (voir p. 87) ;

– les rendre familiers, concrets, faciles à appréhender;

– utiliser des mots qui ont un rapport affectif avec l'enfant.

De cette façon, les enfants pourront sans appréhension les manipuler, se plonger dans un « bain de mots » et se constituer un vocabulaire (un « capital-mots ») par imprégnation.

Il est également très important de respecter le rythme et le niveau des enfants:

– Certains mémorisent les mots plus rapidement que d'autres, qui auront besoin de les voir souvent pour les retenir.

– En fonction de leur intérêt personnel, tous les enfants ne retiendront pas forcément les mêmes mots.

– Un mot peut être reconnu à court terme et « oublié » à long terme.

Pour répondre à ces impératifs, les jeux font appel très souvent à un outil: le *dictionnaire.*

● Le dictionnaire

• Qu'est-ce que le « dictionnaire » ?

Créé par et pour les enfants, il est basé sur le principe du codage. Chaque mot écrit est accompagné d'un codage simple, reconnaissable par les enfants. Il prend la forme d'un livret de quelques pages de format 21 x 29,7 cm, regroupant chacune 12 mots et leur codage. Les codages sont aussi très souvent utilisés sous forme d'étiquettes. Les enfants utilisent le dictionnaire comme *« outil de référence ».*

C'est une aide précieuse pour l'apprentissage de la lecture. Les enfants apprendront d'ailleurs vite à se servir d'un dictionnaire « classique », à condition qu'il soit adapté à leur âge: comme les adultes, on s'y référera pour puiser une information, pour trouver la définition d'un mot ou pour vérifier son orthographe.

Le dictionnaire contient des mots familiers rencontrés au cours de l'année. Il se constitue au fur et à mesure, selon les activités de la classe (thèmes, projets, personnages familiers, contes...). En début d'année, il contiendra environ 12 mots, puis 20, puis 30... jusqu'à atteindre environ 50 mots en fin de période scolaire.

On peut également constituer un « dictionnaire mural » : les mots doivent y être écrits relativement grands.

Chaque enfant dispose d'un dictionnaire de référence dans son casier et peut le consulter à tout moment.

• La constitution du dictionnaire: les codages

À chaque mot est associé un symbole, un codage, qui permet à l'enfant de « lire » le mot (au sens de le comprendre) alors qu'il ne le connaît pas encore. L'association du mot au codage donne à des enfants très jeunes le goût des mots et l'envie de lire.

L'utilisation des symboles leur donne l'occasion de visualiser les mots et de les intérioriser chacun à leur rythme, à un moment donné de l'année (sans limitation dans le temps).

Cette association « codage-mot » permet aussi d'éviter l'incertitude et la confusion face aux mots: elle assure ainsi un passage en douceur du figuratif à l'abstrait et un abord de la lecture sans appréhension. De nombreux jeux de prélecture ne pourraient être abordés en maternelle sans ce support visuel, outil intermédiaire qui évite bien des échecs et des découragements.

Avec les jeux de prélecture, les enfants pourront jouer avec des mots, les manipuler, les identifier, les mémoriser; ils pourront composer des phrases, communiquer avec les autres et déchiffrer les messages. Ils se composeront ainsi un vocabulaire très large.

Le panachage des mots et des signes permet à l'enfant de lire un texte même s'il ne connaît qu'un nombre très restreint de mots. Par cette méthode, il est constamment mis dans un « bain de mots » et amené à faire des comparaisons, à repérer des analogies et des différences dans la constitution des mots.

• Le choix des codages

Il est nécessaire de choisir des codages très simples, faciles à reconnaître et à reproduire par les enfants.

Chaque signe doit être très représentatif de l'objet ou de l'action qu'on veut symboliser afin qu'il ne puisse pas prêter à confusion. Il doit représenter l'essentiel, de la manière la plus simple possible, *la seule fonction du symbole étant de servir de référence pour favoriser la mémorisation des mots à court ou à long terme.*

• L'intérêt du « dictionnaire »

Il apprend aux enfants:

- à repérer les mots;
- à les identifier;
- à les observer en établissant des comparaisons, des analogies et des différences;
- à analyser leur construction: forme, longueur, nombre de lettres, nature des lettres, emplacement des lettres les unes par rapport aux autres;
- à adopter un comportement de lecteur (prise d'indices...).

On constate que, dès le deuxième trimestre (pour les uns) ou au troisième trimestre (pour les autres), les enfants abandonnent d'eux-mêmes, avec une fierté évidente, les codages pour n'utiliser que les mots. Ce passage représente pour eux une promotion et leur donne l'impression de « savoir lire ».

Les prénoms

Les mots étudiés doivent avoir un lien avec la vie affective de l'enfant. C'est pourquoi, pour l'intéresser à la lecture, l'un des premiers mots à lui faire étudier est son prénom.

• Des occasions de jeu

L'enfant reconnaîtra rapidement les prénoms de ses camarades et le sien, si on lui donne l'occasion de les regarder et de jouer avec ces mots tous les jours.

Ainsi, avec son propre prénom :

– Il est écrit sur son portemanteau, sur ses cahiers.

– Faire écrire à l'enfant son prénom sur les feuilles d'exercices.

– Lui faire reconnaître son prénom parmi les autres.

– Lui faire « accrocher » son prénom tous les jours en arrivant en classe sur un « tableau des présents ».

– Lui faire reconnaître son prénom sur le tableau de jeux.

Avec les prénoms de ses camarades :

– Lire tous les jours les prénoms des absents (étiquettes qui n'ont pas été accrochées au « tableau des présents ».

– Jeu de sablier (reconnaître en temps limité le plus grand nombre possible de prénoms).

– La bataille des prénoms.

– Faire des jeux d'ensemble avec les prénoms (jeu de sons).

– Tableaux à double entrée (classement des prénoms).

• La prise d'indices

Les jeux avec les prénoms offrent les premières occasions de faire chercher à l'enfant des indices particuliers qui lui permettent de reconnaître les mots :

– « Anne, ça commence par un "a" ! »

– « Il y a 3 "i" dans Virginie ! »

– « Dans Michaël, il y a un tréma ! »

– « Dans Cinzia, il y a un "z" ! » (lettre peu courante) ; etc.

L'enfant aborde ainsi la prise d'indices, essentielle dans l'identification des mots.

• Des acquisitions rapides

En créant de nombreuses occasions de jouer avec leurs prénoms, on s'aperçoit que les enfants les mémorisent très vite. Par exemple, un exercice présenté aux enfants au mois d'avril a permis d'évaluer leurs acquis :

– La moitié de la classe savait lire tous les prénoms.

– Un quart environ, la moitié.

– Un quart environ, le tiers.

Le dictionnaire

Constitution d'un dictionnaire référentiel de classe

Objectifs:
- Concrétiser les mots et permettre à l'enfant de les visualiser.
- Faciliter le contact avec les mots, leur manipulation.
- Permettre aux enfants de mémoriser les mots à leur rythme.
- Rassurer l'enfant dans son approche de la lecture.
- Permettre d'observer, de comparer, d'analyser la construction des mots.

Organisation: Collectif.

Matériel:
- Un livret format 21 x 29,7 cm pour chaque enfant. Sur chaque page figurent 12 mots avec leurs codages. Le dictionnaire en début d'année sera formé d'une feuille unique, puis 2, 3 pour arriver à une cinquantaine de mots en fin d'année. Les dictionnaires des enfants pourront être plastifiés, car ils seront beaucoup manipulés au cours de l'année.
- Des étiquettes des mots associés à leurs codages: il sera utile, au cours de la constitution et de l'enrichissement du dictionnaire, de réaliser en plusieurs exemplaires chacune des étiquettes de chacun des mots nouveaux. Ils seront utilisés sous cette forme dans de nombreux jeux.
- Des étiquettes des mots et des étiquettes des codages seront également nécessaires dans les jeux.

• Réalisation

• But du jeu: réaliser un outil de référence pour se constituer un « capital-mots ».

Il est préférable que les enfants découvrent eux-mêmes comment symboliser un objet ou une action.

Mais cette recherche ne doit pas remplacer une leçon ! Il n'est pas nécessaire de passer beaucoup de temps pour chercher un symbole.

Pour éviter d'obtenir des « graphies » trop complexes, l'enseignant peut guider l'enfant en lui posant des questions.

Prépositions « sur », « sous », « dans » :

L'enseignant dessine au tableau un rond et deux traits horizontaux.

« Comment peux-tu symboliser « dans », « sur » et « sous » en ajoutant un point à ces trois dessins ? »

Les enfants proposeront sans hésiter:

- de mettre un point dans le rond pour « dans »;

- de mettre un point sur le trait pour « sur » ;

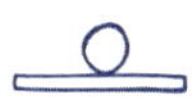

- de mettre un point sous le trait pour « sous ».

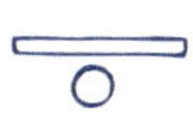

Cette démarche permet d'associer les enfants à la découverte des codages même si elle est un peu directive !

Verbes : « va », « monte », « descend », « nage », « saute », « roule », « grimpe », « tombe »

L'enseignant suggère aux enfants de représenter ces actions par des flèches : en associant chaque verbe à un mouvement, les enfants découvriront rapidement les codages suivants :

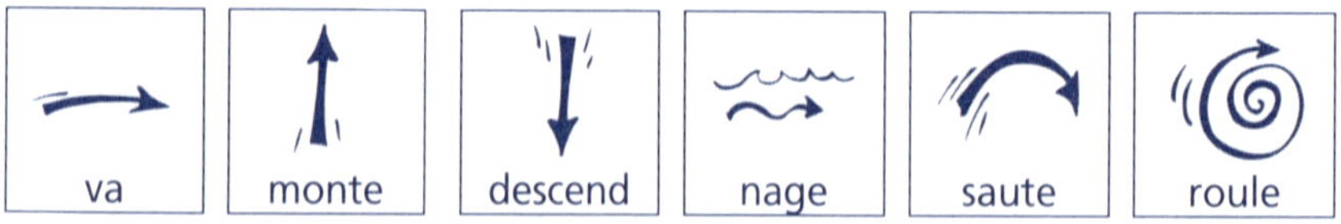

Verbes : « mange », « vole », « voit »

L'enseignant interroge :

– Avec quoi mange-t-on ?

– Avec la bouche.

– Avec quoi les oiseaux volent-ils ?

– Avec les ailes.

– Avec quoi voit-on ?

– Avec les yeux.

On obtiendra les codages :

Les mots qu'on ne peut pas coder

Certains mots, tels que : « est », « pour », « avec », « qui », « à », « et »..., qui ne peuvent être représentés par des signes, seront présents dans le dictionnaire sous forme de mots. Ils seront très vite mémorisés par les enfants grâce au contexte des phrases.

UN EXEMPLE DE DICTIONNAIRE

Lili	maman	Gugus	la forêt	mange	papa
va	le lapin	le lit	est	la pomme	le nid
titi	dort	Bouboule	le sapin	vole	voit
dans	sur	sous	monte	le ciel	l'arbre
aime	la souris	roule	saute	Pic-pic	la fleur
nage	l'eau	la voiture	le vase	la maison	descend
le roi	le poisson	le château	donne	le bateau	le loup
la route	la galette	le renard	la lune	l'école	le toit

Le mémory de la perdrix

Mise en relation des syllabes orales et écrites

Objectif: Identifier les syllabes par la mise en relation entre l'oral et l'écrit.

Organisation: 2 ou 3 joueurs.

Matériel: –12 étiquettes par joueur, avec les syllabes correspondant aux notes de la comptine.
– Une planche de jeu pour chaque joueur avec la comptine dont il manque les notes de musique.

Déroulement

• But du jeu: identifier les syllabes correspondant aux notes de musique ; le premier qui a complété sa comptine a gagné.

DO, RÉ, MI, la perdrix
MI, FA, SOL, elle s'envole
FA, MI, RÉ, dans un pré
MI, RÉ, DO, tombe dans l'eau !

• Remarque:

Il est important que les enfants mémorisent oralement la comptine avant d'effectuer le jeu.

L'enseignant écrit la comptine au tableau. Elle fait l'objet d'une séquence de « lecture découverte » : l'enseignant demande aux enfants d'identifier le texte. Cet exercice ne posera aucune difficulté à des enfants qui connaissent la poésie oralement et qui sont capables de déchiffrer des syllabes très simples.

• Règle du jeu:

Les étiquettes mélangées sont posées à l'envers, au milieu de la table. Chaque joueur a une planche de jeu.

À tour de rôle, chaque joueur retourne une étiquette; il lit la syllabe (la note) et la place à l'emplacement qui convient sur son plan de jeu.

Si cette note ne lui permet pas de compléter sa comptine, il remet l'étiquette à son emplacement à l'envers; le joueur suivant doit mémoriser son emplacement pour avoir plus de chance de compléter sa planche.

Le premier qui a complété sa comptine a gagné.

• Remarque: pour retrouver facilement l'emplacement de la note dans le texte, l'enfant peut réciter (ou fredonner) la comptine en faisant correspondre chaque mot énoncé à chaque élément du texte pointé avec le doigt.

Les étiquettes :

DO	DO	RÉ	RÉ	RÉ	MI
MI	MI	MI	FA	FA	SOL

La planche de jeu :

LA PERDRIX

...	...	...	la perdrix
...	...	...	elle s'envole
...	...	...	dans un pré
...	...	...	tombe dans l'eau !

La roue de la perdrix

Mise en relation des syllabes orales et écrites

Objectif: Identifier les syllabes par la mise en relation entre l'oral et l'écrit.

Organisation: 4 joueurs.

Matériel:
– 12 étiquettes avec les notes de la comptine par joueur.
– Une roue divisée en 6 cases; dans cinq d'entre elles est écrite une syllabe (une note de musique) : do – ré – mi – fa – sol; dans la sixième case, on peut coller une image de perdrix.

• Déroulement

• But du jeu: compléter la comptine avec les syllabes (notes) qui conviennent.

• Règle du jeu:

Chaque joueur a une planche avec le texte incomplet de la comptine (dont il manque les notes). Les étiquettes sont posées en 5 tas au milieu de la table (do – ré – mi – fa – sol), à côté de la roue.

Chaque joueur, à tour de rôle, fait tourner la flèche de la roue; si la flèche s'arrête sur le « mi », le joueur lit la note, choisit l'étiquette correspondante et la place à l'emplacement qui convient dans le texte.

Si le joueur ne peut pas placer cette note pour compléter son texte, il passe son tour.

Si le joueur tombe sur la perdrix, il choisit la note qu'il désire pour compléter sa comptine.

Le premier qui a complété son texte a gagné.

Les étiquettes:

DO	DO	RÉ	RÉ	RÉ	MI
MI	MI	MI	FA	FA	SOL

La planche de jeu:

LA PERDRIX

…	…	…	la perdrix
…	…	…	elle s'envole
…	…	…	dans un pré
…	…	…	tombe dans l'eau !

La roue:

Le mémory de la gamme

Mise en relation des syllabes orales et écrites

Objectifs: – Identifier des syllabes simples.
– Prendre conscience de la relation graphème / phonème.

Organisation: 4 joueurs.

Matériel: – 8 étiquettes avec les notes de musique par joueur.
– Une planche de jeu avec les notes sur une portée par joueur.

• Déroulement

• But du jeu: identifier et nommer les syllabes.

• Règle du jeu:

Chaque joueur a une planche de jeu. Au milieu de la table sont disposées les 32 cartes, à l'envers.

Chaque joueur, à tour de rôle, retourne une étiquette; il lit la note et la place sur sa gamme à l'emplacement qui convient.

Si cette note est déjà placée sur sa planche, il repose l'étiquette à l'envers, au même endroit. Les joueurs suivants doivent mémoriser l'emplacement des notes pour avoir plus de chance de compléter leur gamme. Le premier qui a complété sa planche a gagné.

• Remarque: pour anticiper et retrouver l'emplacement de chaque note sur la gamme, le joueur peut nommer (ou fredonner) les notes en pointant chaque case à l'énoncé de chaque note.

Les étiquettes :

DO RÉ MI FA SOL LA SI DO

La plaque de jeu niveau 1 :

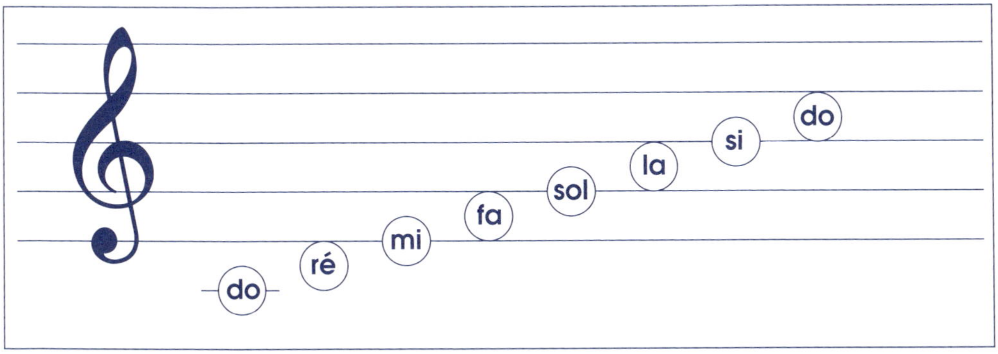

La plaque de jeu niveau 2 :

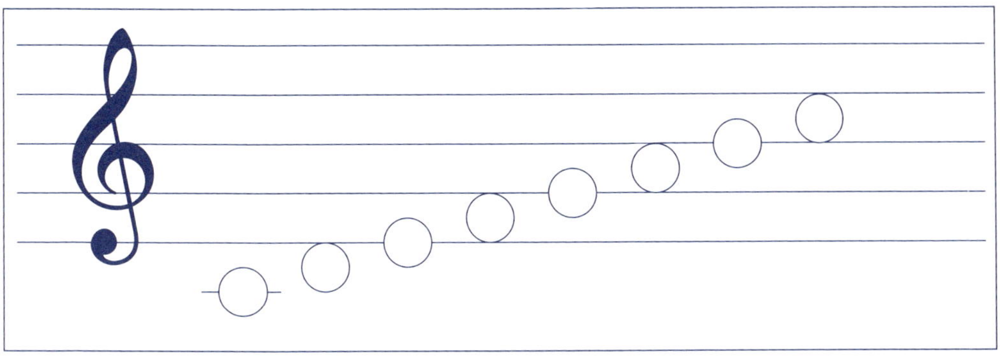

Le jeu des prénoms

Reconnaissance des prénoms

Objectifs:
- Reconnaître les prénoms par voie directe.
- Prélever des indices pour identifier les prénoms.
- Développer les réflexes, la rapidité.
- Stimuler l'esprit de compétition.

Organisation: 2 joueurs.

Matériel:
- Des étiquettes avec les prénoms de tous les enfants.
- 1 sablier.

• Déroulement

• But du jeu: lire le plus de prénoms possible en 3 minutes (durée délimitée par le sablier).

• Règle du jeu:

Sur le tapis ou sur la table sont disposées toutes les étiquettes avec les prénoms, posées à l'endroit. Un joueur tient le sablier tandis que l'autre ramasse et nomme les prénoms qu'il reconnaît. À la fin du jeu (lorsque le sable s'est écoulé), on compte le nombre de prénoms qu'il a su « lire ».

On peut échanger les rôles...

• Remarques: si, en début d'année, la classe est partagée en quatre groupes de couleur (rouge, bleu, jaune, vert), on peut écrire chaque prénom de la couleur correspondant à chaque groupe. Les enfants les identifieront plus facilement, le nombre d'étiquettes étant limité.

Dans les activités précédentes, l'enseignant aura recherché avec les enfants un ou plusieurs indices qui permettent de reconnaître chaque prénom. Par exemple:

« Claude, c'est comme Claudia!

– Julien, ça commence comme « jeudi » !

– Marie, ça commence comme « Maman » !

– Marie-Louise s'écrit en deux mots!

– Dans Yassin, on entend les deux serpents qui sifflent "s", et ça commence par un "y" ! »

Ce jeu est très motivant pour les enfants, il développe leur esprit de compétition: au début, certains enfants ne liront que 4 ou 5 mots, mais ils aiment jouer avec leurs prénoms et on constate que les progrès sont très rapides.

Très vite, ils reconnaîtront 10 à 20 prénoms, et dès le 2e trimestre certains reconnaîtront tous les prénoms, en moins de 3 minutes !

Des étiquettes prénoms:

Claude	Julien	Marie
Marie-Louise	Yassin	Claudia
Nina	Noémie	Fatoumata
Cécile	Paul	Iliès

La route des mots (1)

Mémorisation de mots connus

Objectifs:
- Identification par voie directe et mémorisation de mots connus.
- Correspondance terme à terme entre le dessin et le mot.

Organisation: 2 à 4 joueurs.

Matériel:
- 1 plan de jeu sur lequel est représenté un double circuit: un circuit extérieur divisé en cases où sont les dessins et un circuit intérieur formé de cases vides.
- Des étiquettes mobiles où sont écrits les mots correspondant aux dessins du circuit extérieur.
- Un dé des constellations de 1 à 3.
- Quatre petites voitures qui serviront de pions.

• Déroulement

• But du jeu: compléter le circuit intérieur de la route en faisant correspondre à chaque dessin le bon mot.

• Règle du jeu:

Le plan de jeu est disposé au centre de la table, les étiquettes mobiles sont posées à l'endroit afin que les enfants puissent les lire.

Chaque joueur, à tour de rôle, lance le dé; sur le circuit intérieur, il fait avancer sa petite voiture du nombre de cases équivalant au nombre de points du dé:

– si la case sur laquelle il s'arrête est vide, il la complète en recherchant le mot correspondant au dessin parmi les étiquettes;

– si la case sur laquelle il s'arrête est déjà complétée, il se contente de lire le mot.

• Remarque: si toutes les cases ne sont pas complétées, les joueurs peuvent refaire un tour.

Un plan de jeu (situation en cours de jeu):

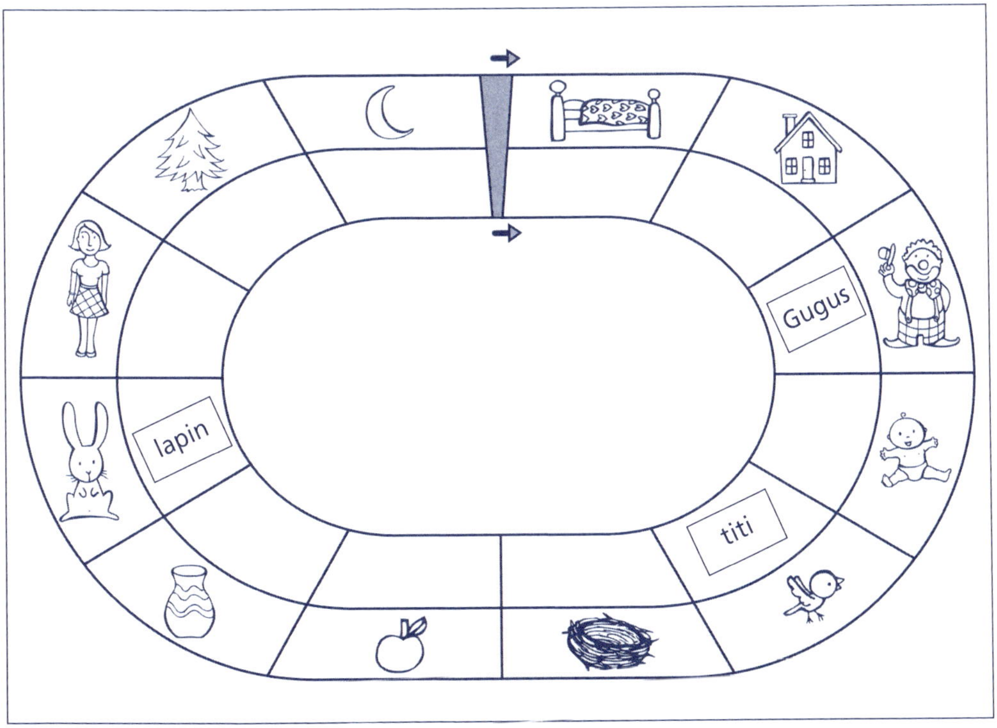

Un dé:

Des pions en forme de petites voitures:

Des étiquettes mobiles:

lune	maison	sapin	lit	maman	nid	vase
pomme	bébé					

La route des mots (2)

Mémorisation de mots connus

Objectifs:
- Lecture par voie directe des mots connus.
- Association mot-image.

Organisation: 2 à 4 joueurs.

Matériel:
- 1 plan de jeu du type «jeu de l'oie». Dans les cases se trouvent des mots et des images en nombre identique: chaque image correspond à un mot. L'image qui représente le mot est toujours placée plus en avant sur le chemin.
- Un dé des constellations de 1 à 3.
- Un pion par joueur.

Déroulement

• But du jeu: reconnaître, par lecture orthographique, les mots écrits dans les cases.

• Règle du jeu:

Chaque joueur, à tour de rôle, lance le dé et fait avancer son pion du nombre de cases équivalant au nombre de points du dé; si la case contient un mot, le joueur doit lire celui-ci:

– s'il arrive à lire le mot, il a le droit de «sauter» à la case où se trouve le dessin correspondant;

– s'il n'arrive pas à lire le mot, il reste sur la case. Les enfants peuvent s'aider du «dictionnaire», si nécessaire.

Si le joueur tombe sur une case contenant un dessin, il se contente de passer le dé au joueur suivant, après avoir «lu» l'image. Le premier arrivé au bout du circuit a gagné.

Un plan de jeu:

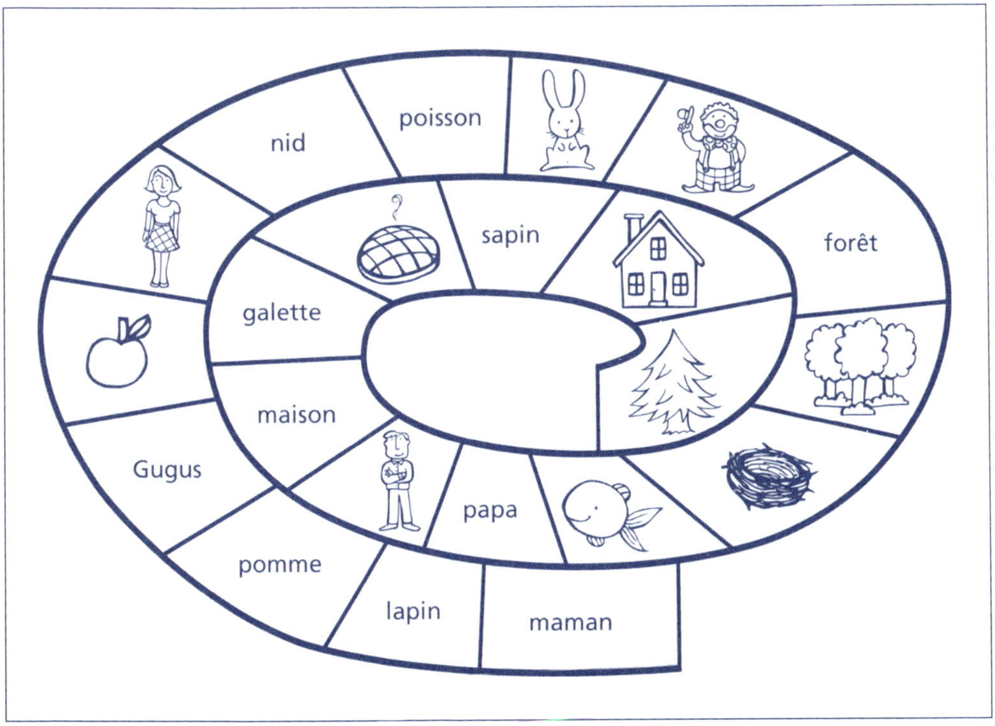

Un dé:

Des pions:

Le jeu du oui-non

Mémorisation des mots «oui» et «non»

Objectifs:
- Mémoriser des mots courts tels que «oui» et «non».
- Développer l'attention et la réflexion: il faut distinguer ce qui est possible et ce qui ne l'est pas.
- Lire des dessins.

Organisation: 2 à 4 joueurs.

Matériel:
- 1 plan de jeu sur lequel sont dessinées 12 situations «possibles» et «impossibles».
- 12 étiquettes mobiles portant les mots «oui» et «non» (autant de «oui» que de situations possibles sur le plan de jeu) ou 12 étiquettes mobiles vertes ("oui") ou rouges ("non")

● Déroulement

• But du jeu: lire les illustrations ou les phrases (variante) ; compléter le plan de jeu en associant à chaque situation la bonne réponse (oui ou non).

• Règle du jeu:

Chaque enfant joue à tour de rôle. Il doit faire correspondre à chaque situation représentée une étiquette «oui» ou «non» selon que le dessin représente une situation possible ou impossible.

Un plan de jeu (situation en cours de jeu):

Des étiquettes mobiles:

non | oui | oui | non | non | oui | oui | oui

Variante

Les situations dessinées sur le plan de jeu peuvent être remplacées, lorsque les enfants sont suffisamment avancés en lecture, par des phrases simples :

Papa a une jolie robe.	**non**
Lili fume la pipe.	**non**
La poule nage dans l'eau.	**non**
La tulipe est dans le vase.	**oui**
Maman a une jolie robe.	
Le sapin est rouge.	
Le poisson vole dans le ciel.	
L'oiseau est dans le nid.	
La tortue mange la salade.	
Le nuage est dans la maison.	
Le bateau roule sur la route.	
Le vélo roule sur la route.	

non | oui | non | non

non | oui | oui | oui

Le jeu des articles

Mémorisation des mots « le » et « la »

Objectifs :
- Acquérir les notions de « masculin » et « féminin » ;
- Identifier et mémoriser par voie directe des deux petits mots « le » et « la », faciles à retenir.
- Développer le pouvoir d'attention et favoriser le langage.

Organisation : 4 à 6 joueurs.

Matériel :
- Une plaque par joueur, sur laquelle sont dessinés des objets.
- 6 étiquettes mobiles par joueur sur lesquelles sont écrits « le » et « la ».
- Un dé avec les articles « le » ou « la ».

• Déroulement

• But du jeu : mémoriser ces articles. Le premier qui a rempli sa plaque a gagné !

• Règle du jeu :

Chaque joueur a une plaque individuelle. Les enfants lancent le dé à tour de rôle. Selon l'article indiqué par le dé, l'enfant prend une étiquette mobile et la place devant un objet du genre concerné. Si le dé se retourne par exemple sur « la » et qu'il n'y a plus d'objet féminin sur sa plaque, il passe son tour.

• Remarque : le but du jeu étant d'aider l'enfant à mémoriser ces deux articles, deux étiquettes peuvent être mises à sa disposition afin qu'il puisse s'y référer à tout moment, par exemple :

Une plaque individuelle (situation en cours de jeu) :

Des étiquettes mobiles :

le la la la le le la le etc.

Un dé :

Le mémory des mots (1)

Mémorisation de mots connus

Objectifs :
- Identification des mots par voie directe.
- Mémorisation des mots par le jeu et la répétition.
- Développement de l'attention et de la mémoire visuelle en repérant l'emplacement des mots.
- Apprentissage de la structure d'une phrase.

Organisation : 4 joueurs.

Matériel :
- 16 étiquettes avec des mots.
- 4 plaques individuelles correspondant à 4 phrases distinctes, chacune étant formée d'une séquence « mot-codage ».

● Déroulement

• But du jeu : identifier les mots des étiquettes et reconstituer sa phrase. Le premier qui a complété sa plaque a gagné !

• Règle du jeu :

Chaque joueur dispose d'une plaque individuelle avec une phrase. Le plan de jeu est placé au centre de la table, les étiquettes-mots sont mélangées et placées à l'envers sur les cases d'un quadrillage.

Chaque joueur, à tour de rôle, retourne une étiquette :

– si le mot de l'étiquette est dans sa phrase, il pose l'étiquette dans la case correspondante, sur sa plaque individuelle ;

– si le mot de l'étiquette n'est pas dans sa phrase, il laisse l'étiquette à sa place en la retournant, afin que le joueur qui a besoin de ce mot mémorise son emplacement pour le prendre au tour suivant.

• Remarque : on s'aperçoit que les enfants mémorisent très rapidement les mots par l'intermédiaire de tels jeux !

À la fin de ce jeu, les enfants relisent leurs phrases sans hésitation ; pourtant il n'y a plus le support du codage. On peut s'en assurer en demandant à l'enfant de montrer un mot ou un groupe de mots précis : « montre-moi "l'oiseau", "la forêt"... »

Le quadrillage :

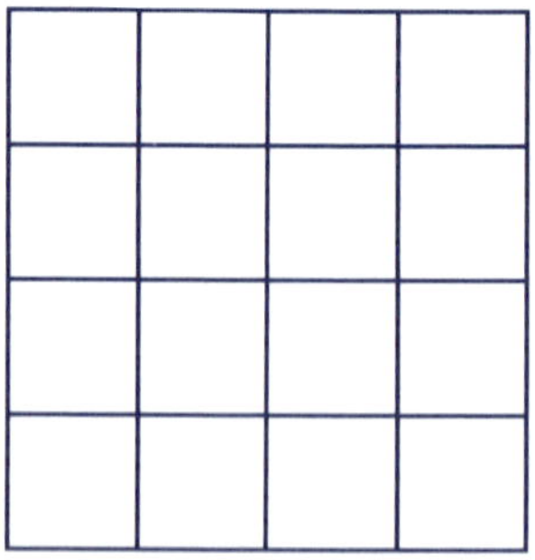

Des étiquettes avec les mots :

dans	le vase	dort
va	sur	l'arbre
Gugus	dans	dans
la forêt	la fleur	est
le lit	le lapin	l'oiseau
va		

Étiquettes à l'envers sur le quadrillage :

Des plaques individuelles :

Des plaques individuelles (situation en cours de jeu) :

La bataille des mots

Mémorisation de mots connus

Objectifs: – Identification des mots par voie directe.
– Se repérer dans un tableau à double entrée.

Organisation: 2 joueurs.

Matériel: – Deux plans de jeu constitués chacun d'un tableau à double entrée de 3 x 3 cases, avec en abscisse des constellations et en ordonnée des symboles.
– Un paravent (facultatif).
– Des jetons.

● Déroulement

• But du jeu: identifier les mots écrits dans les cases du tableau.

• Règle du jeu: Chaque joueur dispose d'un plan de jeu. On peut placer un paravent entre les deux joueurs, ou les faire jouer dos à dos.

Le joueur A choisit une case de son tableau et la décrit de la manière suivante: «3-cœur».

Le joueur B doit repérer cette case sur son tableau et lire le mot qui s'y trouve. S'il lit «souris», le joueur A lui répond «vrai», et ainsi de suite. Chaque joueur place un jeton sur cette case pour éviter de la lire une seconde fois.

• Remarque: ce jeu permet de faire jouer deux enfants de niveaux différents.

On peut aussi utiliser deux plans de jeu identiques.

Plans de jeu:

joueur A

paravent

joueur B

	•	• •	• • •
♡	maman	lapin	souris
△	papa	pomme	maison
●	sapin	chat	lit

Le mot secret

Reconnaissance de mots connus

Objectifs:
- Favoriser l'expression orale.
- Distinguer les noms de choses, de personnes, d'animaux et les verbes.
- Analyser la construction des mots.
- Développer l'esprit logique et le raisonnement par déduction.

Organisation: 2 joueurs.

Matériel:
- Un plan de jeu sur lequel est représentée une maison dans laquelle sont figurées 12 images et les mots correspondants: 3 noms de choses, 3 noms d'animaux, 3 noms de personnes, 3 verbes d'action.
- Une série de 12 images identiques à celles de la maison.
- Une série de 12 caches de la même taille que les images.

• Déroulement

• But du jeu: identifier un mot par prélèvement d'indices.

• Règle du jeu:

Les deux joueurs sont assis l'un en face de l'autre. Le joueur A a devant lui le plan de jeu et les caches, le joueur B a la série d'images.

Le joueur B choisit une image dans sa série. Le joueur A doit deviner quel est le mot choisi par le joueur B en ne posant que des questions concernant le mot: genre du mot, nom de personne, d'animal, de chose ou verbe; lettres qui le composent; nombre de lettres, etc.

Le joueur B ne peut répondre que par oui ou non.

Au fur et à mesure des réponses, le joueur A place des caches sur les mots (images) qui ne conviennent pas.

Par déductions successives, le joueur A devinera le mot choisi par le joueur B : le dernier mot non recouvert par un cache.

Exemple:
Le joueur B a choisi le mot «Maman».
Le joueur A demande: «Est-ce que c'est un nom d'animal?»
Joueur B: «Non.»
Le joueur A place des caches sur tous les noms d'animaux (lapin, chat, renard).
Joueur A: «Est-ce que c'est un nom de chose?»
Joueur B: «Non.»
Le joueur A place des caches sur la pomme, la fleur et la maison.
Joueur A: «Est-ce que c'est une action?»

Joueur B: « Non. »
Le joueur A place des caches sur les verbes.
Joueur A: « Est-ce qu'il y a 4 lettres dans le mot ? »
Joueur B: « Non. »
Le Joueur A place un cache sur l'image de Lili.
Joueur A: « Est-ce qu'il y a 5 lettres dans le mot ? »
Joueur B: « Oui. »
Joueur A: « Est-ce que ça commence par un G ? »
Joueur B: « Non. »
Le joueur A place un cache sur Gugus.
Joueur A: « Est-ce qu'il y a deux "a" dans le mot ? »
Joueur B: « Oui. »
Joueur A: « Alors c'est maman ! »
Joueur B: « Oui ! »

À la fin du jeu, on peut échanger les rôles.

• Remarque: ce jeu développe l'esprit logique et le raisonnement par déduction. En fonction des réponses, l'enfant doit déduire quels sont les mots qui ne conviennent pas et les éliminer en y plaçant des caches.

La plaque de jeu:

Les images:

Les caches:

La roue des mots

Déchiffrage de mots simples

Objectifs: – Être capable de déchiffrer des petits mots simples.
– Nommer les lettres de l'alphabet et identifier un mot qui commence par cette lettre.

Organisation: 4 joueurs.

Matériel: – Un plan de jeu sur lequel est représenté un double circuit : un circuit extérieur divisé en 16 cases où sont écrites des lettres de l'alphabet, un circuit intérieur avec des cases vides.
– Des étiquettes mobiles où sont écrits les mots correspondants aux lettres de l'alphabet.
– Un dé avec des constellations de 1 à 3 points.
– 4 pions.

• Déroulement

• But du jeu: compléter les cases correspondant aux lettres de l'alphabet : faire correspondre à chaque lettre un objet dont le nom commence par cette lettre ; le jeu est terminé lorsque toutes les cartes sont disposées sur le circuit.

• Remarque: ce jeu s'adresse à des enfants qui sont déjà capables de déchiffrer des mots simples et qui commencent à maîtriser la combinatoire.

Il faut choisir des mots simples (à une ou deux syllabes de préférence) adaptés au niveau des enfants.

• Règle du jeu:

Le plan de jeu est disposé au milieu de la table. Les cartes sont mélangées et posées à l'endroit, au milieu de la table.

Chaque joueur, à tour de rôle, lance le dé et fait avancer son pion sur le circuit extérieur d'un nombre de cases équivalant au nombre de points du dé. Il nomme la lettre de l'alphabet; il repère et lit le mot qui commence par cette lettre. Il place cette carte à l'endroit sous la lettre correspondante.

Exemple:
Le premier joueur lance le dé; celui-ci indique 3 points. Il avance de trois cases sur le circuit et s'arrête sur la lettre C. Il repère et lit le mot qui commence par un C, par exemple « cube », et pose cette carte à l'endroit dans la case correspondant à la lettre C.
S'il ne trouve pas le mot, il passe son tour: le joueur suivant lance le dé.
S'il s'arrête sur une case déjà munie d'une carte, il lit le mot écrit dessus.
Le circuit étant fermé, on peut en faire plusieurs fois le tour, jusqu'à ce que toutes les cases soient complétées.

Des cartes avec uniquement les mots:

âne	bol	cube	dé	fil	zébu	jupe	képi
lune	moto	nid	pipe	robe	sac	tapis	vélo

Un plan de jeu (exemple avec 16 cases, situation finale):

On peut réduire le nombre de lettres de l'alphabet et supprimer les mots qui seraient trop difficiles à déchiffrer par de jeunes enfants.

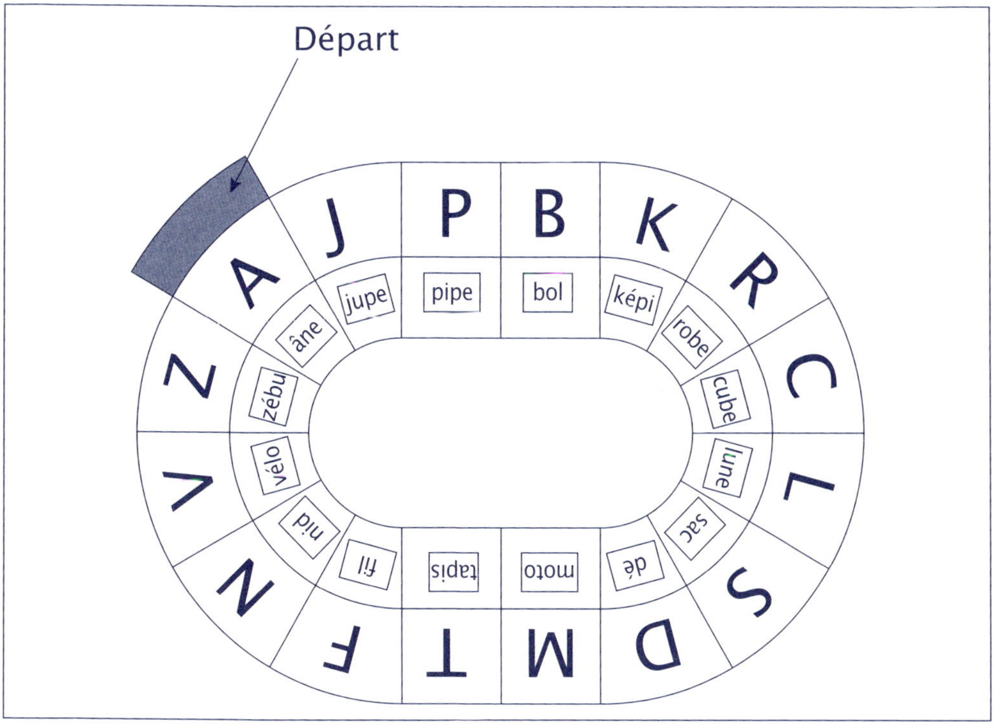

Le dé:

Les pions:

Le dictionnaire des couleurs

Constitution d'un dictionnaire de référence

Objectifs: – Analyser la construction des mots: être capable d'émettre un avis et de justifier son choix.
– Observer et analyser la construction des mots; favoriser l'orthographe.
– Développer un comportement de lecteur: émettre des hypothèses, les vérifier, les rectifier, les justifier.
– Prendre conscience de la relation entre l'oral et l'écrit.
– Identifier un mot par prises d'indices: déchiffrage du début du mot, analogie avec d'autres mots connus…

Organisation: Collectif.

Matériel: – Un grand panneau avec les couleurs, au tableau.
– Des étiquettes avec les mots (les noms des couleurs) écrits en grand.

Déroulement

• But du jeu: identifier un mot par prélèvement d'indices; analyser la construction des mots.

• Remarque: la constitution d'un dictionnaire de référence par les élèves eux-mêmes représente une activité intéressante et très riche. C'est un travail de groupe où chacun fait part de ses remarques, souvent très pertinentes. Cette mise en commun des connaissances conduit les enfants à analyser la construction des mots et à mémoriser leur orthographe.

• Règle du jeu:

Le panneau est affiché au tableau. Les étiquettes-mots sont mélangées et disposées à l'endroit, sur le tapis.

Les enfants sont assis sur les bancs en face du tableau, autour du tapis. Ils repèrent les noms des couleurs en expliquant par quels indices ils ont identifié ces mots. Selon leur niveau, les enfants peuvent justifier leur choix par des stratégies différentes.

Exemples:
« J'ai reconnu VIOLET parce que ça commence par un V comme VA (petit mot connu souvent rencontré); avec un I, ça fait VI et avec un O, ça fait VIO… »
« Oui, ça commence comme VIOLETTE! » (prénom d'une camarade)
« J'ai reconnu que c'est GRIS parce que c'est comme dans LE PETIT CHAT GRIS. » (comptine étudiée précédemment)
« J'ai deviné que c'est JAUNE parce que ça commence par un J comme Juliette. » Les autres ajoutent: « Comme Jonathan, Julien, comme jeudi… »
Un enfant identifie le mot « ROUGE » et justifie son choix par le déchiffrage total: « Un O et un U se prononce OU, avec un R, ça fait ROU; un G et un E se prononce GE; ça fait ROU – GE! »

Au fur et à mesure qu'ils identifient les noms de couleurs, les enfants les placent sous les couleurs correspondantes sur le panneau. Celui-ci restera affiché au mur et servira de dictionnaire de référence pour certaines activités de lecture (par exemple pour la lecture découverte d'une comptine).

Le panneau des couleurs, situation initiale:

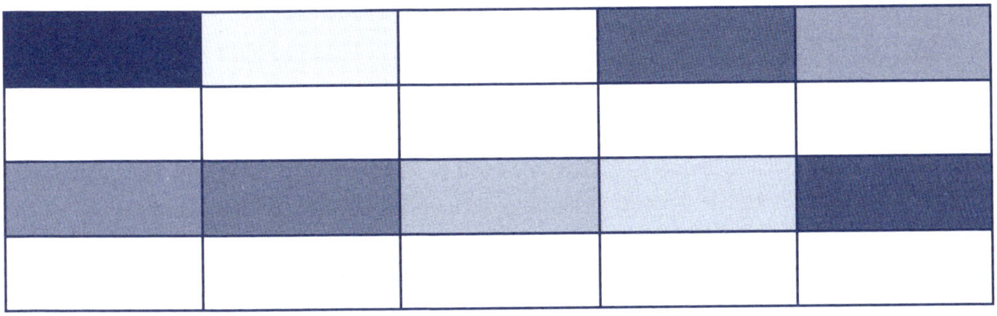

Les étiquettes:

ROUGE	BLEU	JAUNE	VERT	ROSE
GRIS	BRUN	NOIR	VIOLET	ORANGE

Situation finale:

ROUGE	BLEU	JAUNE	VERT	ROSE
GRIS	BRUN	NOIR	VIOLET	ORANGE

● Prolongement: le jeu de Kim

• Objectif: mémoriser les noms des couleurs.

Un joueur est «isolé» pendant que l'enseignant change deux ou trois étiquettes de place sur le panneau des couleurs.

Le joueur revient, doit retrouver et lire les noms qui ne correspondent pas aux bonnes couleurs et les remettre à l'emplacement qui convient. Le jeu peut continuer avec d'autres joueurs.

Lecture découverte d'une comptine

Reconnaissance d'un texte

Objectifs :
- Rechercher le sens dans un texte déjà connu oralement.
- Développer un comportement de lecteur : prélever des indices, émettre des hypothèses, les vérifier, les rectifier, les justifier.
- Identifier des mots par analogie avec d'autres mots connus, par le déchiffrage partiel ou par leur emplacement dans la phrase.
- Trouver les mots inconnus par la mise en relation avec d'autres mots ou avec le contexte.
- Mettre en relation l'oral (la comptine mémorisée) et l'écrit (le texte de la comptine).

Organisation : Collectif.

LA POULE GRISE

C'est la poule grise
Qui pond dans l'église.

C'est la poule noire
Qui pond dans l'armoire.

C'est la poule brune
Qui pond sur la lune.

C'est la poule blanche
Qui pond sur la planche

• Déroulement

• But du jeu : identifier la comptine et lire les phrases.

1. Mémoriser et réciter la comptine

2. Lecture – découverte de la comptine

Quelques jours (ou semaines) plus tard, le texte est présenté aux enfants au tableau.

Niveau 1 : la poule de chaque couleur est associée au texte, ce qui facilitera l'identification de chaque paragraphe.

Niveau 2 : les images des poules des différentes couleurs sont mélangées, non associées au texte. Demander aux enfants d'identifier chaque phrase et de faire correspondre la poule qui convient à chacune d'elles.

Niveau 3 : seul le texte est présenté, sans les images.

En se référant aux images, les enfants reconnaissent « la chanson de la poule ». Ils la récitent tous ensemble pour se la remémorer.

La connaissance orale de la comptine permet aux enfants de lire tout le texte.

Les mots connus (notamment les noms de couleur) sont rapidement identifiés.

Les mots inconnus sont devinés par la mise en relation avec les mots connus : grise et église ; noire et armoire ; brune et lune ; blanche et planche. Ils sont également repérés selon leur emplacement respectif dans la phrase : l'enfant repère chaque mot en respectant bien la correspondance « mot lu – mot pointé avec le doigt » au cours de sa lecture.

La structure identique de chaque paragraphe aide les enfants dans leur recherche.

On remarque les analogies et on montre les groupes de mots « c'est la poule », « qui pond dans », « qui pond sur ».

Les enfants confirment leurs hypothèses au fil des remarques analytiques.

• Remarque : les enfants identifient facilement les comptines dont ils connaissent le texte oralement. Cette connaissance orale favorise considérablement la lecture ; la mémorisation de la comptine donne à l'enfant la trame du texte (la suite des mots et leur emplacement les uns par rapport aux autres).

La mise en relation entre le mot énoncé oralement et le mot écrit leur permet peu à peu de prendre conscience des relations grapho-phonétiques et de découvrir certaines règles linguistiques.

Ils deviennent capables d'identifier des mots (même inconnus) soit par leur emplacement dans la phrase, soit par des indices très divers (déchiffrage du début du mot, analogie avec un mot connu...) et de confirmer leurs hypothèses par des remarques très pertinentes.

> *Exemples :*
> *– Grâce à la connaissance orale de la comptine, un enfant repère le mot non connu « église » par la mise en relation avec le mot « grise » et par son emplacement dans le paragraphe.*
> *– Un autre enfant fait remarquer que « église et grise, ça se termine pareil ! » : il va au tableau montrer les terminaisons identiques.*
> *– Un enfant « lecteur » confirme l'hypothèse en déchiffrant le mot entièrement.*
> *– Etc.*

Inventer une suite à une comptine

Production de texte

Objectifs: – Développer l'imagination et la créativité.
– Favoriser l'expression orale.
– Comprendre la notion de rime.
– Construire une phrase selon une structure imposée.

Organisation: Collectif.

• Déroulement

• But du jeu: inventer une suite à la poésie en respectant la même structure de phrase et les rimes.

• Règle du jeu:

L'enseignant demande aux enfants de trouver d'autres phrases selon la même structure que celle de la poésie; le nom de la couleur doit rimer avec le nom de l'endroit où pond la poule.

Exemples de productions:
C'est la poule jaune / Qui pond sur le trône.
C'est la poule rose / Qui pond sur une rose.
C'est la poule orange / Qui pond dans la grange.
C'est la poule violette / Qui pond dans la brouette.
C'est la poule marine / Qui pond dans la cuisine.
C'est la poule bleue / Qui pond dans un pneu.
C'est la poule beige / Qui pond dans la neige.
C'est la poule rousse / Qui pond dans la mousse.
C'est la poule marron / Qui pond dans la maison.
C'est la poule d'or / Qui pond sur un alligator.
C'est la poule d'argent / Qui pond sur le banc.

• Prolongement: réalisation d'un livre

Les textes sont photocopiés et imprimés pour la réalisation d'un petit livre.

L'enseignant distribue des poules à chaque enfant, qui les colorie aux couleurs de la comptine.

Relecture du petit livre en commun: demander aux élèves d'identifier chaque paragraphe et de coller la poule de la couleur correspondante en face de chaque texte.

Le jeu des poules

Familiarisation avec les rimes à l'écrit

Objectifs:
- Se familiariser avec les rimes à l'écrit.
- Identifier les strophes de la poésie.
- Mettre en relation texte et image.

Organisation: 3 joueurs.

Matériel:
- 3 planches avec dessins de quatre endroits différents où pondent les poules; sous chaque dessin est écrit le paragraphe correspondant de la comptine.
- 12 poules de différentes couleurs, découpées dans du papier Canson.

Déroulement

• But du jeu: compléter la planche avec les poules dont les couleurs correspondent au texte.

• Règle du jeu:

Chaque joueur a une planche de jeu. Les 12 poules sont placées à l'envers, au milieu de la table. Chaque joueur, à tour de rôle, retourne une poule; il récite le paragraphe de la comptine correspondant à la couleur de la poule qu'il vient de retourner.

> *Exemple:*
> *Le joueur A retourne la carte avec la poule bleue; il récite: « C'est la poule bleue qui pond dans un pneu. »*
> *S'il a l'image du pneu sur sa plaque, il place la poule bleue dans le pneu. Sinon, il remet la carte à l'envers à son emplacement au milieu de la table. Le joueur qui a le pneu doit en mémoriser l'emplacement pour pouvoir la ramasser au tour suivant.*

Le premier qui a complété sa planche a gagné.

• Remarque: ce jeu favorise la mémorisation de la comptine; elle permet aussi d'identifier les textes par le biais des illustrations.

Il développe un comportement de lecteur par prélèvement d'indices: l'enfant peut identifier certains mots par la mise en relation entre les illustrations et le texte: la couleur de la poule et le mot «bleu», le dessin du pneu et le mot «pneu».

Une planche :

 C'est la poule **grise** Qui pond dans l'**église**.	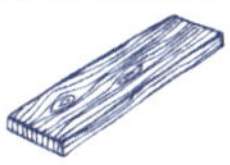 C'est la poule **blanche** Qui pond sur la **planche.**	 C'est la poule **noire** Qui pond dans l'**armoire.**	 C'est la poule **brune** Qui pond sur la **lune.**

Les mots-clés des comptines

Identification de mots dans un texte connu

Objectif: Identifier plusieurs mots dans un texte.

Organisation: 4 joueurs.

Matériel: – 4 planches de jeu, avec chacune une comptine différente en haut et 4 cases vierges en bas.
– 16 étiquettes avec les mots sélectionnés de chaque comptine.

● Déroulement

• But du jeu: réunir les quatre « mots-clés » correspondant à son texte.

• Règle du jeu:

Chaque joueur a une planche de jeu. Les étiquettes avec les mots sont mélangées et retournées à l'envers au milieu de la table.

Chaque joueur, à tour de rôle, retourne une étiquette. S'il a identifié ce mot dans le texte de sa comptine, il lit le mot (facultatif), ramasse l'étiquette et la place sur une case vide de sa planche.

Si le mot ne correspond pas à sa comptine, il remet l'étiquette à l'envers à son emplacement. Le joueur qui a besoin de ce mot pour compléter sa planche doit en mémoriser l'emplacement pour avoir plus de chance de gagner.

Celui qui a complété ses quatre cases le premier a gagné.

Les planches de jeu:

LE PETIT CHAT GRIS	
Un petit chat gris Qui mangeait du riz Sur un tapis gris	i, i

LE PETIT VER TOUT NU	
Qui a vu Dans la rue Tout menu Le petit ver tout nu	u, u

ZOZO LE SOURICEAU	
Zozo le souriceau Joue du piano Avec Saxo Le petit sot	o, o

TARA LE PETIT RAT	
Tara le petit rat S'en va au Canada Avec Sacha Le petit chat	a, a

Les étiquettes:

petit	**gris**	**riz**	**tapis**
vu	**rue**	**menu**	**nu**
Zozo	**piano**	**Saxo**	**sot**
Tara	**rat**	**Sacha**	**chat**

Compléter une comptine

Identification de mots dans un texte connu

Objectif: – Identifier les mots correspondant à un texte connu.

Organisation: 4 joueurs.

Matériel: – 4 planches de jeu avec les textes incomplets.
– 16 étiquettes avec les mots.

• Déroulement

• But du jeu: compléter les textes incomplets avec les mots qui conviennent.

• Règle du jeu:

Prérequis: les enfants ont mémorisé ces comptines et sont capables de les relire.

Chaque joueur a une planche de jeu. Les étiquettes sont mélangées et placées à l'envers sur la table.

Chaque joueur, à tour de rôle, retourne une étiquette. Si le mot correspond à sa comptine, il lit le mot, ramasse l'étiquette et la place sur une case vide de sa planche.

Si le mot ne correspond pas à sa comptine, il remet l'étiquette à l'envers à son emplacement. Le joueur qui a besoin de ce mot pour compléter sa planche doit en mémoriser l'emplacement pour avoir plus de chance de gagner.

Le premier qui a complété son texte a gagné.

Les planches de jeu:

LE PETIT CHAT GRIS	LE PETIT VER TOUT NU
Un [ ] chat gris Qui mangeait du [ ] Sur un [ ] [ ]	Qui a [ ] Dans la [ ] Tout [ ] Le petit ver tout [ ]

ZOZO LE SOURICEAU	TARA LE PETIT RAT
[ ] le souriceau Joue du [ ] Avec [ ] Le petit [ ]	[ ] le petit [ ] S'en va au Canada Avec [ ] Le petit [ ]

Les étiquettes:

petit	**gris**	**riz**	**tapis**
vu	**rue**	**menu**	**nu**
Zozo	**piano**	**Saxo**	**sot**
Tara	**rat**	**Sacha**	**chat**

Le mémory des mots (2)

Reconstitution de mots de deux syllabes

Objectifs : – Déchiffrer des syllabes simples, être capable de les associer pour former un mot.
– Prendre conscience des unités sonores composant un mot.

Organisation : 2 joueurs.

Matériel : 24 étiquettes avec des images correspondant à des mots de deux syllabes, divisées en deux parties :
– 12 étiquettes rouges avec le début du dessin et du mot (1re syllabe) ;
– 12 étiquettes bleues avec la fin du dessin et du mot (2e syllabe).

• Déroulement

• But du jeu : reconstituer des mots de deux syllabes.

• Règle du jeu :

Les étiquettes rouges mélangées sont disposées à l'envers, à gauche sur la table. Les étiquettes bleues mélangées sont placées à l'envers, à droite sur la table.

Chaque joueur, à tour de rôle, retourne une carte rouge et une carte bleue ; si elles permettent de reconstituer une image et un mot, il les associe et les place devant lui. En même temps, il lit les mots en détachant bien les deux syllabes ; exemple : « ta – pis », « lu – ne ».

Si les deux étiquettes ne sont pas complémentaires, il les remet à l'envers, à leur emplacement ;

Le deuxième joueur doit mémoriser leur emplacement pour avoir plus de chance de gagner.

Le jeu se termine quand toutes les cartes ont été associées.

Le gagnant est celui qui a reconstitué le plus de mots.

Exemples d'étiquettes :

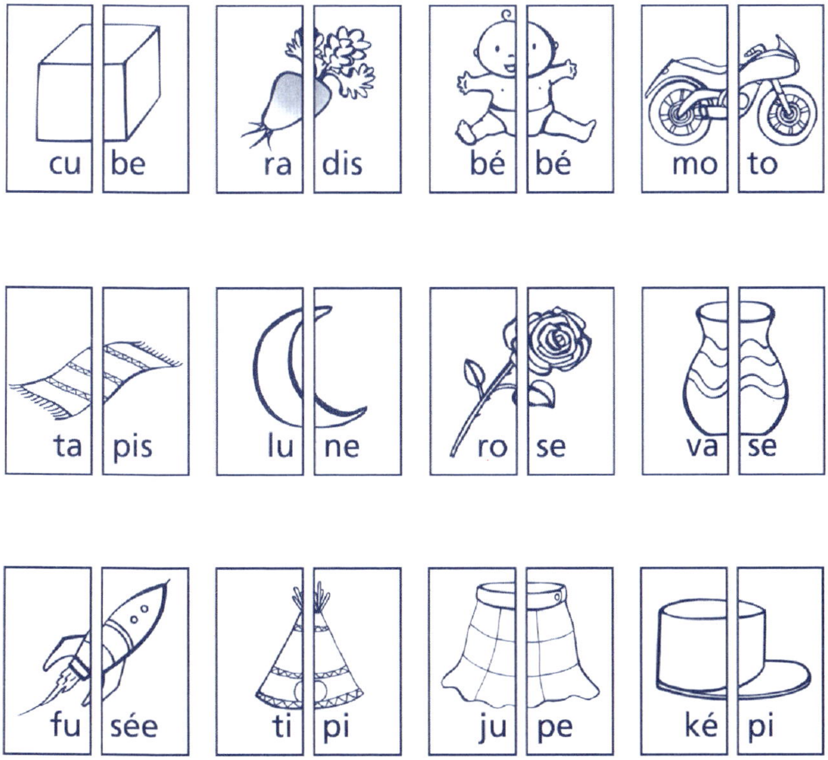

Les mots de deux syllabes

Association de deux syllabes

Objectifs: – Déchiffrer des syllabes simples.
– Reconstituer des mots de deux syllabes.

Organisation: 2 à 4 joueurs.

Matériel: – 16 étiquettes rouges avec la syllabe du début du mot au recto et le demi-dessin au verso.
– 16 étiquettes bleues avec la syllabe de la fin du mot au recto et le demi-dessin au verso.

• Déroulement

• But du jeu: déchiffrer des syllabes et les associer pour former un mot.

• Remarques: au lieu que l'image soit au-dessus du mot (comme dans le jeu n° 59), elle se trouve au verso de chaque étiquette. Cette variante suppose que les enfants commencent à maîtriser le déchiffrage partiel, qu'ils soient déjà capables d'associer les syllabes d'un mot simple.

Sa conception permet à ce jeu d'être autocorrectif: l'image reconstituée au verso des étiquettes confirme ou infirme, de manière immédiate, les hypothèses des joueurs.

Il est important de choisir et de sélectionner des mots qui ne commencent ni ne se terminent par la même syllabe pour éviter plusieurs possibilités de solution qui ne correspondraient pas aux images du verso de l'étiquette, bien que les mots soient écrits correctement!

L'enfant aurait du mal à admettre que son mot (écrit correctement) ne corresponde pas à l'image du dos des étiquettes! Exemples: va**se** / ca**se** / **rose** / **robe** / cu**be**...

• Règle du jeu:

Les étiquettes rouges mélangées sont placées à l'endroit sur la table, à gauche.

Les étiquettes bleues mélangées sont placées à l'endroit sur la table, à droite.

À tour de rôle, chaque joueur lit et associe deux syllabes. Il prend une étiquette rouge et une étiquette bleue complémentaire pour former un mot.

Il retourne les deux étiquettes pour confirmer ou infirmer ses hypothèses à l'aide du dessin.

Si le puzzle est exact, l'enfant garde le mot ainsi reconstitué devant lui.

Si les deux éléments ne permettent pas de reconstituer une image, cela signifie que les deux syllabes ne correspondent pas et que le mot est inexact.

Dans ce cas, le joueur remet les deux éléments à leur emplacement respectif (à l'endroit).

Celui qui a reconstitué le plus de mots à la fin du jeu a gagné.

> *Exemple :*
> *Le joueur A ramasse deux étiquettes en lisant « FO – TO » (photo).*
> *Il retourne les deux étiquettes ; les éléments ne correspondent pas. L'hypothèse émise par le joueur est exacte phonétiquement, mais le mot ainsi composé est inexact ; le joueur remet les deux étiquettes à l'endroit à leur emplacement.*
> *Le joueur B associe deux étiquettes et lit : « M O – TO ».*
> *Il retourne les deux étiquettes, l'image est correctement reconstituée, c'est bien le mot qu'il fallait trouver ; il place le mot sur la table devant lui.*

• Remarque : phonétiquement, le mot « foto » est exact ; il faut donc expliquer à l'élève que le mot « photo » se dit bien « foto », mais qu'il s'écrit différemment et qu'il s'agit de trouver d'autres mots avec ces deux syllabes. Il est important de faire remarquer que deux syllabes peuvent se prononcer de la même façon, mais s'écrire différemment.

On aurait le même cas et la même explication avec RA – TO et TA – PI, par exemple.

Exemples d'étiquettes (recto) :

ta	pis	va	se	cu	be	fo	rêt	bé	bé	lu	ne
vé	lo	mo	to	ju	pe	pa	pa	ma	man	ké	pi
la	pin	pou	le	ra	dis	fu	sée				

Une étiquette (recto et verso) :

Étiquettes à l'endroit, avec les syllabes :

ta	pis

Étiquettes à l'envers, avec l'image :

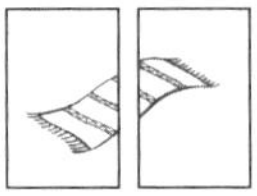

Le domino des mots (1)

Association de deux syllabes

Objectifs: – Comprendre la relation entre le mot oral (suggéré par l'image) et le mot écrit.
– Favoriser la reconnaissance des unités sonores composant les mots.
– Segmentation des mots en deux syllabes.

Organisation: 4 joueurs.

Matériel*: – 29 dominos: petits rectangles en carton ou en bois divisés en deux parties sur lesquelles sont reproduits les images des éléments ainsi que les mots correspondants; sur la case de gauche est écrite la deuxième syllabe d'un mot et sur la case de droite la première syllabe d'un mot.

• Déroulement

• But du jeu: assembler les éléments du domino en reconstituant progressivement les mots.

• Règle du jeu:

Le premier élément qui permet de commencer le jeu est placé au milieu de la table:

Les 28 éléments qui restent sont mélangés et distribués aux joueurs (7 pièces chacun).

Celui qui a la pièce qui permet de compléter l'image et le mot correspondant « papa » place la deuxième pièce dans le prolongement de la première pièce:

Le joueur qui peut compléter l'image et le mot « rose » place son domino à côté et ainsi de suite.

Le premier qui n'a plus de domino a gagné; cependant le jeu continue jusqu'à ce que toutes les pièces soient rangées.

• Remarque: ce jeu est très simple, puisque le mot est associé à l'image; il peut sembler inintéressant puisque l'enfant peut porter son attention uniquement sur l'image!

On peut donc demander aux joueurs de nommer le mot en lisant les deux syllabes en même temps qu'ils les désignent du doigt et en articulant bien; ceci leur permet de se familiariser avec les mots et de comprendre la composition de ces mots simples et leur segmentation en syllabes.

Les dominos*:

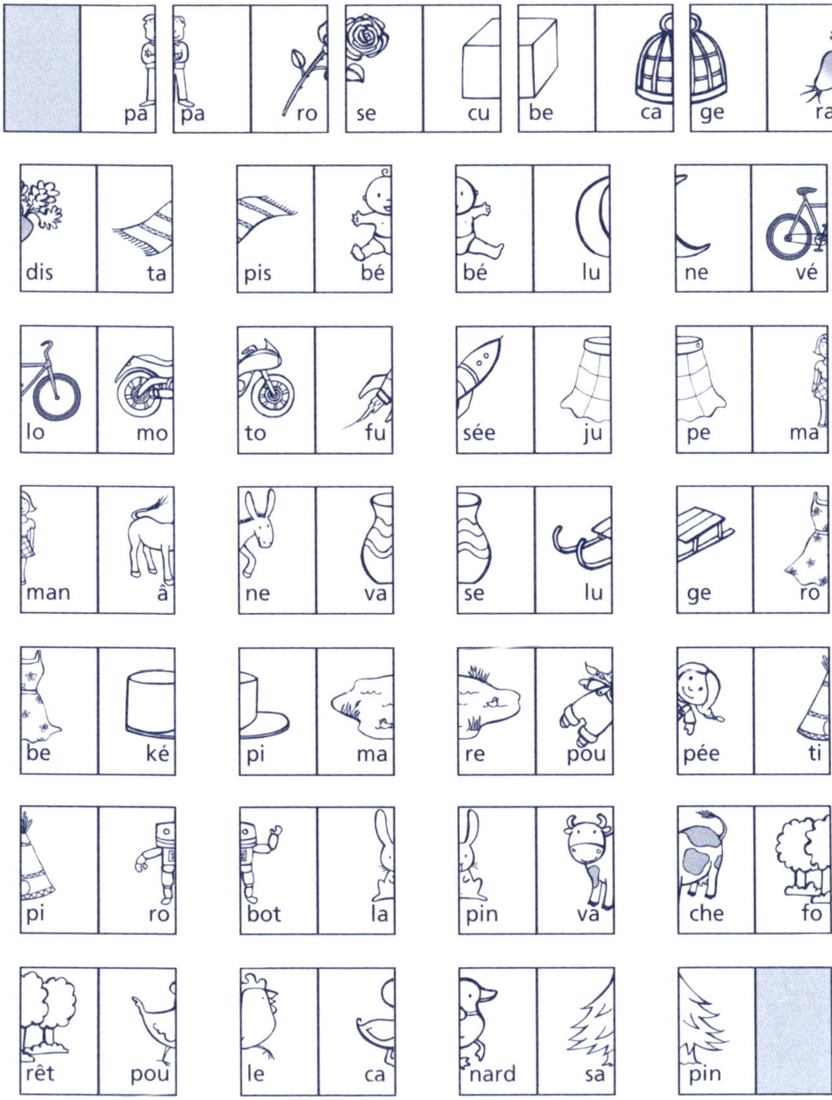

* Le matériel signalé d'une astérisque est téléchargeable sur le site des éditions Retz : www.editions-retz.com

Le domino des mots (2)

Association de deux syllabes

Objectifs: – Comprendre qu'un mot peut être segmenté en syllabes.
– Initiation au déchiffrage : identifier des syllabes simples ; relation entre les unités orales et les unités écrites.

Organisation: 2 à 4 joueurs.

Matériel: – 16 éléments de domino avec uniquement les syllabes des mots à reconstituer, sans les dessins.
– Un « imagier » avec les illustrations (dans le désordre) des mots à trouver.

• Déroulement

• But du jeu: reconstituer des mots de deux syllabes ; reconstituer le « train » du domino en plaçant correctement les différents éléments.

• Prérequis: pour réaliser ce jeu, les enfants doivent être capables de déchiffrer les syllabes simples. Grâce au premier « Domino des mots » (61), qui leur aura permis de se familiariser avec des syllabes particulières de ces mots simples et d'analyser leur construction, les enfants pourront les reconstituer sans le support de l'image. C'est un travail par petit groupe, où on échange des idées, on s'entraide, on a le droit de se tromper, de vérifier et de rectifier ses hypothèses, donc de corriger les erreurs et de justifier ses actions.

• Remarques: pour que ce jeu soit réalisable, il ne faut pas choisir des mots qui ont une syllabe commune, ce qui risquerait de créer des confusions et de « bloquer » le jeu, qui ne pourrait pas être terminé.

Exemple: **ca**ge / **ca**ne / **ca**nard / **ca**se; **ro**se / **ro**be / **rô**ti; **va**se / **va**che; cu**be** / ro**be;** ro**se** / va**se** / ca**se**...

L'imagier qui présente les illustrations des mots à trouver permet d'éviter les divergences inexactes et inutiles (mots incorrects, mots énoncés correctement à l'oral mais mal orthographiés).

• Règle du jeu:

Les 16 dominos sont mélangés et partagés entre les joueurs. La règle du jeu est identique au premier « Domino des mots ».

Exemple:
Le joueur qui a la première pièce la pose au milieu de la table, à gauche:
pa
Plusieurs enfants déchiffrent cette syllabe et expliquent: « un P et un A, ça fait PA ! »
Tous s'exclament: « On peut faire PAPA ! »
pa pa ra
On déchiffre la syllabe: « Un R et un A ça fait RA ! »
En se référant à l'imagier, les enfants trouveront aussitôt le mot « radis », etc.

Les dominos :

	pa	pa	ra	dis	bé	bé	ta
pis	tu	tu	vé	lo	mo	to	fu
sée	ju	pe	ma	man	va	se	ro
be	ca	ge	la	pin	pou	le	

L'imagier :

La syllabe envolée

Association de deux syllabes

Objectifs:
- Compléter des mots en associant deux syllabes.
- Segmentation des mots en syllabes.
- Être capable de déchiffrer des syllabes simples.

Organisation: 4 joueurs.

Matériel*:
- 4 plaques de jeu avec chacune 4 images et, sous chaque image, leur nom à compléter.
- 16 étiquettes avec les syllabes qui permettent de compléter les mots.

● Déroulement

• But du jeu: identifier les syllabes qui permettent de compléter les mots de sa plaque.

• Règle du jeu:

Chaque joueur a une plaque de jeu avec 4 mots à reconstituer.

Les étiquettes sont mélangées et posées à l'envers, en quadrillage, au milieu de la table.

Chaque joueur, à tour de rôle, retourne une étiquette; il déchiffre la syllabe sur l'étiquette; s'il n'y parvient pas, les autres joueurs l'aident.

Si cette syllabe lui permet de compléter un mot de sa plaque, il pose cette étiquette à l'emplacement qui convient sur cette plaque.

Si la syllabe lue ne lui permet pas de reconstituer un mot, il remet celle-ci à son emplacement, à l'envers. Le joueur qui a besoin de cette syllabe pour compléter son mot doit en mémoriser l'emplacement.

Le premier qui a complété ses quatre mots a gagné.

Les plaques*:

ro

ca

va

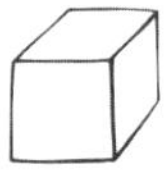
cu

ro

pi

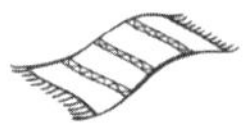
ta

ju

pa

vé

lu

ma

ké

bé

fu

mo

Les étiquettes*:

se	ge	be	pe	se	be	pis	pe
pa	lo	pi	bé	ne	man	sée	to

* Le matériel signalé d'une astérisque est téléchargeable sur le site des éditions Retz : www.editions-retz.com

Construire des mots à deux syllabes

Association de deux syllabes

Objectifs:
- Identifier des syllabes simples à l'écrit.
- Associer deux syllabes pour former un mot.
- Comprendre la segmentation des mots en syllabes.
- Prendre conscience de la relation entre le mot exprimé oralement et le mot écrit.

Organisation: Collectif.

Matériel:
- Des étiquettes grand format avec des syllabes.
- Les images (dessins ou codages) des mots à reconstituer.

• Déroulement

• But du jeu: reconstituer le plus de mots possible en associant deux syllabes.

• Règle du jeu:

Les enfants sont assis sur les bancs, autour du tapis où sont disposées les grandes étiquettes avec des syllabes simples.

En se référant aux images affichées au tableau, les enfants doivent trouver les syllabes correspondantes pour reconstituer les mots.

• Remarque: les dessins évitent les hypothèses farfelues, incohérentes et brouillonnes. Ils canalisent les recherches et simplifient l'exercice; celui-ci peut être adapté à des enfants qui ont conscience de la relation grapho-phonétique et qui commencent à maîtriser la combinatoire pour le déchiffrage des petits mots simples.

La référence aux images n'enlève rien à l'efficacité de l'exercice: ces indices permettent d'éviter la dispersion et les réponses fausses et intuitives.

D'autre part, l'image permet à l'enfant d'oraliser le mot en articulant bien et en le décomposant en deux syllabes ; cet indice oral favorisera sa reconstitution à l'écrit.

Pour chaque mot trouvé, l'enseignant peut demander à l'élève d'expliquer son choix.

Certains enfants repèrent des analogies entre les mots: « Vache, ça commence comme vase ! » « Sapin et lapin, c'est presque pareil, on entend "in" à la fin ! »

L'imagier de référence:

Les étiquettes:

pa	pa	ro	se	cu	be	ca	ge	ra	dis
ta	pis	bé	bé	lu	ne	vé	lo	mo	to
fu	sée	ju	pe	ma	man	â	ne	va	se
lu	ge	ro	be	ké	pi	ma	re	pou	pée
ti	pi	ro	bot	la	pin	va	che	fo	rêt
pou	le	ca	nard	sa	pin				

● Variante

Pour les enfants qui sont capables de déchiffrer des mots simples et qui maîtrisent déjà le déchiffrage partiel, on peut proposer le même jeu sans les images. Dans cette variante, l'enfant ne dispose plus d'aucun indice et doit pouvoir décoder les syllabes à l'écrit pour construire des mots.

Le jeu de rapidité

Association de syllabes

Objectifs:
- Développer le pouvoir d'attention et d'observation.
- Identifier les syllabes et être capable de les combiner pour former un mot.

Organisation: En petit groupe.

Matériel:
- Une fiche par élève sur laquelle sont reproduites des syllabes.
- Une ardoise blanche et un feutre d'ardoise par élève.
- Une minuterie pour limiter la durée de recherche.
- Un imagier (dessins des mots possibles à trouver), facultatif, selon le niveau des enfants.

• Déroulement

• But du jeu: construire le plus de mots possible (de 2 ou 3 syllabes) pendant un temps déterminé par la minuterie.

• Règle du jeu:

Chaque élève est assis à sa table, avec une fiche des syllabes, une ardoise blanche et un feutre. L'enseignant détermine la durée de recherche selon le niveau des élèves (environ 10 minutes).

Au signal, chaque enfant écrit sur son ardoise le plus de mots possible en associant deux ou plusieurs syllabes. Celui qui a trouvé et écrit le plus de mots a gagné.

Ce jeu de compétition favorise la motivation des enfants, et la limitation dans le temps stimule la concentration et l'attention.

Exemple de syllabes à proposer sur une fiche:

va	ne	ba	sa	de	do	mi	pi
lo	li	na	se	la	no	se	ca
ga	le		che	ni	ri	pe	to
me	ma	ro	te	so	bi	ge	ra
bo	re		be	cu		pa	bu

Exemple de mots possibles:

vase
vache
mine
cane
sale
mise
pipi
pipe
pile
lime
lame
lama
note
cage
gare
robe
rose

cube
papa
biche
bûche
miche
riche
bise
valise
banane
salade
domino
bobine
pilote
cabane
garage
niche
page...

Le puzzle des mots

Reconstitution de mots à trois syllabes

Objectifs: – Identifier les syllabes.
– Favoriser la construction et l'orthographe d'un mot.
– Favoriser la prise de conscience entre l'oral (phonème) et l'écrit (graphème).

Organisation: 4 joueurs.

Matériel: – 3 x 4 éléments correspondants à 4 puzzles: 1/3 de l'image et l'une des trois syllabes du mot.
– 4 plaques sur lesquelles sont représentés les images des mots à trouver.

● Déroulement

• But du jeu: reconstituer un mot découpé en puzzle de syllabes.

• Règle du jeu:

Chaque joueur a une plaque de jeu qui représente l'image du mot à reconstituer.

Les 12 éléments des puzzles sont mélangés et posés à l'envers au milieu de la table.

Chaque joueur, à tour de rôle, retourne un élément: si celui-ci correspond à son puzzle, il le ramasse et le place sur sa plaque.

Sinon, il remet l'étiquette à l'envers à son emplacement. Les autres joueurs doivent en mémoriser l'emplacement pour avoir plus de chance de gagner.

• Remarque: ce jeu ne présente pas de difficulté particulière car l'image sert de repère à l'enfant pour reconstituer le mot. Il permet, de manière ludique, à de jeunes enfants de prendre conscience de la construction des mots, de leur décomposition en trois syllabes et éventuellement de les lire.

Les plaques de jeu (situation initiale):

Les éléments de puzzle:

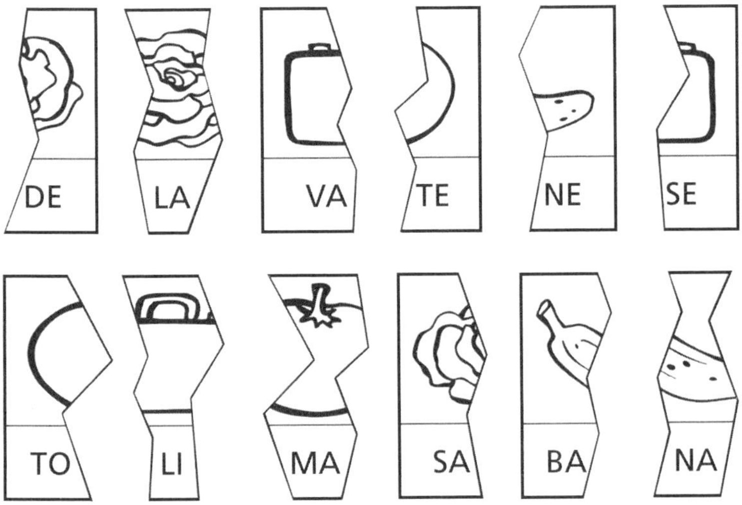

Les plaques de jeu (situation finale):

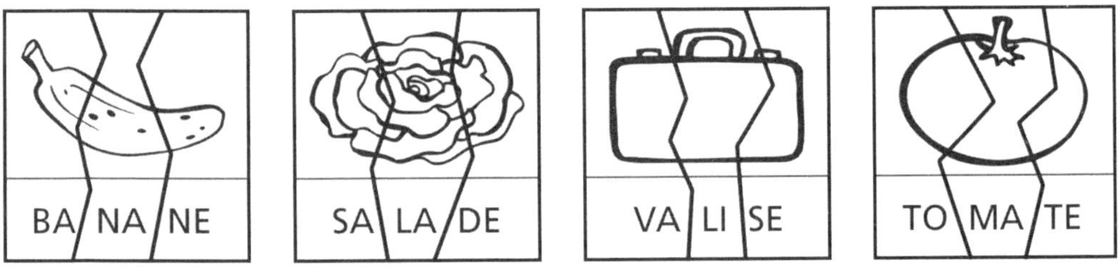

Les mots de trois syllabes (1)

Identification de mots

Objectifs: – Développer un comportement de lecteur, prélever des indices.
– Segmentation des mots en syllabes et phonèmes, établir une relation entre l'oral et l'écrit.
– Comparer des mots entre eux, analogies, différences.
– Identifier un mot par le déchiffrage partiel.

Organisation: Collectif.

Matériel: – 8 images sans les mots (éléments dont le nom comporte 3 syllabes simples).
– De grandes étiquettes avec les mots correspondant aux images.

• Déroulement

• But du jeu: identifier le mot qui correspond à chaque image et expliquer quels indices ont permis de le reconnaître.

• Prérequis: ce jeu s'adresse à des enfants qui ont déjà une bonne connaissance des lettres et de leurs phonèmes correspondants, qui sont capables de déchiffrer des syllabes simples, qui commencent à maîtriser le déchiffrage partiel et qui sont capables d'identifier un mot par prélèvement d'indices.

• Règle du jeu:

Les enfants sont assis sur les bancs en face du tableau où sont affichées les images. Les étiquettes-mots sont posées à l'endroit, sur le tapis.

L'enseignant demande aux enfants de dire, en articulant bien, le nom des images; on peut aussi leur demander de frapper dans leurs mains à chaque syllabe écrite; exemple: va – li – se (3 syllabes écrites, à ne pas confondre avec les deux seules syllabes orales: va – lise).

Puis l'enseignant demande aux élèves d'observer les étiquettes-mots afin d'identifier le mot nommé et scandé oralement.

Chaque enfant explique quels sont les indices qui lui ont permis d'identifier le mot.

La plupart identifient le mot par le déchiffrage du début du mot, mais, selon le niveau de chacun, les stratégies peuvent varier.

Exemples:
Pour le mot VALISE (va – li – se) :
« J'ai reconnu que c'est VALISE parce que ça commence par un V et un A, ça fait VA. » (déchiffrage partiel)
« J'ai deviné que c'est VALISE parce que ça commence comme VA » (mot fréquemment rencontré)
« Je sais que c'est VALISE parce que ça commence comme vache, comme Vanessa, comme Valérie. » (comparaison avec d'autres mots connus)
« J'ai reconnu VALISE parce que un V et un A ça fait VA, un L et un I ça fait LI, un S et un E ça fait SE, ça fait VA – LI – SE. » (déchiffrage total)

Des images :

Des étiquettes-mots :

valise	banane	domino	salade
tulipe	girafe	tomate	vipère

Les mots de trois syllabes (2)

Découpage de mots

Objectifs:
- Analyser la construction d'un mot : segmentation d'un mot en syllabes.
- Repérer les syllabes à l'écrit comme à l'oral dans un mot.
- Favoriser l'orthographe du mot.

Organisation: Collectif.

Matériel:
- Des images.
- De grandes étiquettes avec les mots correspondant aux images.

Déroulement

• But du jeu: découper chaque mot en trois syllabes de manière exacte.

• Règle du jeu:

Pour bien identifier les trois syllabes, demander aux enfants de « scander » les mots pour repérer les trois syllabes à l'oral (exemple: VA – LI – SE).

Identifier et distinguer les syllabes à l'écrit: un enfant désigné par l'enseignant partage le mot ainsi énoncé en trois parties en traçant un trait au crayon entre les syllabes.

Pour terminer, les élèves découpent tous les mots en trois syllabes.

Des images et des mots:

va | li | se — va li se

valise

ba | na | ne — ba na ne

banane

do | mi | no — do mi no

domino

sa | la | de — sa la de

salade

tu | li | pe — tu li pe

tulipe

gi | ra | fe — gi ra fe

girafe

to | ma | te — to ma te

tomate

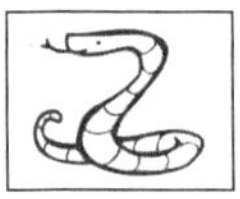

vi | pè | re — vi pè re

vipère

Les mots de trois syllabes (3)

Reconstitution de mots

Objectifs: – Déchiffrer des syllabes simples.
– Combiner trois syllabes pour reconstituer un mot.
– Mettre en relation les unités orales et les unités écrites.

Organisation: Collectif.

Matériel: – Des images.
– De grandes étiquettes avec les mots correspondant aux images.

Déroulement

• But du jeu: reconstituer les mots correspondant aux images en associant 3 syllabes.

• Règle du jeu:

Les enfants nomment les mots correspondant aux images en scandant les syllabes de l'écrit oralement. Le fait de nommer les syllabes du mot distinctement (VA – LI – SE) aidera l'enfant à retrouver les syllabes correspondantes à l'écrit.

Afin que chaque enfant puisse participer à l'exercice, on peut demander à chacun, à tour de rôle, de choisir une syllabe pour reconstituer un mot. On peut demander aux enfants d'expliquer leur choix.

Exemple:
Pour reconstituer le mot VALISE, le 1er enfant repère la syllabe VA, le 2e ramasse la syllabe LI et le 3e identifie la syllabe SE.

Variante

On peut proposer aux enfants de construire des mots de trois syllabes sans le support des images, ce qui laisse plus de liberté et plus de place à l'imagination; mais l'exercice sera plus difficile, parce que l'enfant n'aura plus de référent, c'est-à-dire qu'il n'aura pas d'indice oral pour identifier les syllabes à l'écrit.

Des images:

Des étiquettes-syllabes:

va	tu	ba	gi	do	to	sa	vi	li	li	na	ra
mi	ma	la	pè	se	pe	ne	fe	no	te	de	re

Exemple de mots à reconstituer:

valise, banane, domino, bobine, salade, tulipe,
tomate, garage, girafe, limace, visage, pilote,
vipère, méduse, cabine, farine, caméra, biberon,
ananas, bolide, cerise, koala, potage, cabane…

Le mémory des mots (3)

Reconstitution de mots de trois syllabes

Objectifs: – Déchiffrer des syllabes simples.
– Être capable d'associer 3 syllabes pour former un mot.

Organisation: 4 joueurs.

Matériel: 24 étiquettes:
– 8 étiquettes rouges avec les syllabes du début du mot;
– 8 étiquettes bleues avec les syllabes intermédiaires du mot;
– 8 étiquettes vertes avec les syllabes de la fin du mot.

Déroulement

• But du jeu: identifier les syllabes et reconstituer des mots de 3 syllabes.

• Règle du jeu:

Les étiquettes rouges mélangées sont placées à l'envers, en colonne, à gauche de la table.

Les étiquettes bleues mélangées sont placées à l'envers, sur une deuxième colonne.

Les étiquettes vertes mélangées sont placées à l'envers, sur une troisième colonne.

Chaque joueur, à tour de rôle, retourne 3 étiquettes (une rouge, une bleue et une verte) en les laissant à leur emplacement. Il lit le mot en associant les trois syllabes; exemple: « TU – RA – NO ». Si le mot ainsi reconstitué n'a pas de sens, il remet les étiquettes à l'envers.

Les autres joueurs doivent mémoriser leur emplacement pour avoir plus de chances de pouvoir construire un mot.

Si l'association des trois syllabes correspond à un mot ayant un sens, l'enfant ramasse les trois syllabes et place le mot reconstitué devant lui sur la table.

Celui qui a reconstitué le plus de mots à la fin du jeu a gagné.

• Remarque: éventuellement, un imagier représentant les images des mots à trouver peut être un indice supplémentaire pour trouver les mots et, de ce fait, simplifier le jeu.

Mots à reconstituer: valise, caméra, domino, salade, tulipe, girafe, tomate, vipère.

Des étiquettes:

1re colonne	2e colonne	3e colonne
SA	MÉ	DE
CA	LA	RA
DO	LI	PE
VA	LI	SE
TU	PÈ	NO
GI	RA	TE
TO	MI	FE
VI	MA	RE

Deux exemples de situation en cours de jeu:

TU		NO
	RA	

		PE
	LI	
TU		

Les lettres

Les objectifs des jeux qui suivent sont de:
- familiariser les enfants avec les lettres, leur apprendre à les identifier, à les nommer;
- affiner la discrimination visuelle;
- repérer le nombre de lettres dans les mots;
- repérer l'emplacement des lettres dans les mots;
- reconstituer des mots avec des lettres mobiles;
- structurer l'espace (sens de gauche à droite de l'écriture).

• Connaître les lettres

Selon J. Chall: «*La capacité d'un enfant à identifier les lettres dans les classes maternelles, avant même qu'il n'apprenne à lire, est un facteur prédictif important de succès en lecture dans les premières classes élémentaires.*»

Les enfants de 4 à 6 ans connaissent déjà de nombreuses lettres (notamment les voyelles). Ils aiment jouer avec elles et il est important de les y inciter en leur proposant, entre autres:
- de reconstituer leur prénom;
- de reconstruire une phrase avec des lettres.

Progressivement, les enfants vont reconstituer une phrase entière avec des lettres en se référant au «dictionnaire» (voir p. 84), et sont très fiers de leurs réalisations.

L'enfant retient plus facilement la forme et le nom d'une lettre qu'il *manipule*, c'est pourquoi les lettres mobiles sont de bons outils d'apprentissage: elles sont utilisées tout au long des jeux qui suivent.

• Reconnaître les mots: l'orthographe

La bonne perception d'un mot facilitera l'apprentissage de son orthographe: pour pouvoir écrire un mot (sans modèle), l'enfant doit en avoir une bonne image mentale. Il doit percevoir:
- la nature et le nombre de lettres qui composent le mot;
- l'emplacement de celles-ci les unes par rapport aux autres;
- les associations significatives comme les digrammes (oi, on...).

Chaque mot est formé de lettres simples (« o », « n », « r », etc.), de lettres à hampes (« h », « l », « k », etc.) et de lettres à jambages (« p », « q », « g », etc.). Au début de la perception globale du mot, l'enfant n'a pas encore conscience de toutes ces particularités. Des jeux diversifiés lui permettront de se former une bonne image mentale des mots, et donc favoriseront une bonne orthographe. Ils lui permettront à long terme de reproduire ces mots sans modèle : « *Les mots s'écrivent comme on a l'habitude de les voir.* » *(L'École libératrice)*

Les lettres mobiles

Reconstitution de mots, groupes de mots, phrases

Objectifs:
- Familiarisation avec les lettres: les identifier, les nommer.
- Structuration de l'espace: organisation de gauche à droite.
- Reconstitution de mots ou de phrases.
- Prise de conscience de l'emplacement des lettres les unes par rapport aux autres dans le mot.
- Mémorisation des mots et de leur orthographe.
- Développement des initiatives et de l'imagination.

Organisation: Individuel.

Matériel:
- Des lettres mobiles (en carton, plastique, etc.) en grand nombre, avec les supports associés (grilles ou supports en plastique). On trouve ce type de matériel dans les catalogues spécialisés pour les maternelles: catalogue Nathan, Asco, etc.;
- Un « dictionnaire » (voir p. 87) par enfant.

Déroulement

• But du jeu: reconstituer un mot de son choix (son prénom ou un mot du « dictionnaire ») ou un groupe de mots, ou construire une phrase entière, selon l'imagination de l'enfant et ses possibilités.

• Règle du jeu:

Chaque joueur dispose d'une grille, d'une boîte avec des lettres et d'un « dictionnaire ».

Les enfants peuvent se servir de leur dictionnaire pour choisir un mot ou pour imaginer une phrase.

Ce jeu de reproduction demande un effort d'attention et d'observation: l'enfant doit identifier chaque lettre et respecter l'emplacement de chacune d'entre elles sur un plan linéaire.

Remarques: au début, on oublie de laisser un espace entre les mots, on ne contrôle pas toujours le sens de la lecture (revenir à gauche dans la ligne suivante), on oublie une lettre!

Mais très vite, les enfants exécutent cet exercice sans faute, et certains parviennent même à construire des phrases entières avec des lettres sans l'outil intermédiaire du dictionnaire!

Ces jeux favorisent la mémorisation des mots et l'enfant assimile mieux l'orthographe de ceux qu'il reconstitue avec les lettres en les manipulant. Il relit également sans difficulté la phrase ainsi reconstituée.

Des lettres mobiles :

a	b	c	d	s	t	e	f	g	y	é	z
h	i	j	k	l	x	m	ê	n	o	p	q
r	u	v	w								

Un dictionnaire :

Lili	maman	Gugus
va	le lapin	le lit
Titi	dort	Bouboule
dans	sur	sous

la forêt	mange	papa
est	la pomme	le nid
le sapin	vole	voit
monte	le ciel	l'arbre

aime	la souris	roule
nage	l'eau	la voiture
le roi	le poisson	le château
la route	la galette	le renard

saute	Pic-pic	la fleur
le vase	la maison	tombe
donne	le bateau	le loup
la lune	l'école	le toit

Des grilles :

m	a	m	a	n				
m	a	n	g	e				
l	a		p	o	m	m	e	

La bataille des lettres

Reconnaissance des lettres

Objectifs:
- Reconnaître et nommer les lettres.
- Lire un tableau à double entrée.

Organisation: 2 joueurs.

Matériel:
- 2 plans de jeu constitués chacun d'un tableau à double entrée de 3 x 4 cases, avec en abscisse des constellations et en ordonnée des couleurs.
- Un paravent (facultatif).
- Des jetons.

• Déroulement

• But du jeu: se repérer sur un tableau à double entrée. Identifier la lettre écrite (graphème) correspondant à la lettre nommée (phonème).

• Identifier toutes les lettres et compléter toutes les cases du tableau par un jeton.

• Règle du jeu: Chaque joueur dispose d'un plan de jeu. On peut placer un paravent entre les 2 ou les faire jouer dos à dos.

Exemple de déroulement: Le joueur A choisit une case et la décrit de la manière suivante: « 2-Rouge ». Le joueur B doit repérer cette case sur son tableau et nommer la lettre correspondante. S'il lit « i », le joueur A répond « vrai ! », et les 2 joueurs placent un jeton sur cette case. Puis le joueur A choisit une autre case, etc.

Un plan de jeu:

joueur A — **paravent** — **joueur B**

	•	••	•••
rouge	a	i	r
vert	s	v	o
jaune	l	m	t
bleu	p	e	u

	•	••	•••
rouge	a	i	r
vert	s	v	o
jaune	l	m	t
bleu	p	e	u

Les grilles incomplètes

Reconstitution de mots

Objectifs:
- Développer l'initiative.
- Se servir d'un dictionnaire.
- Nommer et reconnaître les lettres.
- Identifier les mots du « dictionnaire ».
- Repérer les mots de 4 et 5 lettres sur le « dictionnaire ».
- Tenir compte de deux critères: nombre de lettres et emplacement de la lettre déjà placée dans la grille.
- Développer le pouvoir d'attention et d'observation.
- Favoriser la mémorisation des mots.

Organisation: 4 joueurs.

Matériel:
- 4 plaques individuelles sur lesquelles sont représentées 8 bandes quadrillées de 4 ou 5 cases. Par paire, les bandes comportent une lettre commune, située au même endroit.
- Des lettres mobiles en grand nombre (voir catalogue Nathan, Asco, etc.).
- Un « dictionnaire » pour chaque joueur.
- Un dé des constellations avec 4 et 5 (3 faces pour chaque nombre).

Déroulement

• But du jeu: identifier et reconstituer des mots avec les lettres mobiles.

• Règle du jeu:

Chaque joueur dispose d'une plaque individuelle. Les lettres mobiles sont disposées à l'endroit sur la table.

Chaque joueur, à tour de rôle, lance le dé:

– si le dé indique 4 points: il complète un mot de 4 lettres sur sa plaque en consultant son « dictionnaire ». Plusieurs possibilités s'offrent à lui. Il doit respecter le nombre de lettres et l'emplacement de la voyelle déjà placée sur la grille;

– si le dé indique 5 points: le joueur recherche sur son « dictionnaire » un mot de 5 lettres avec une voyelle à l'emplacement indiqué sur la plaque.

Avec les lettres, il reconstitue le mot.

Si le dé indique par exemple 4 points et que toutes les grilles de 4 cases sont déjà complètes, le joueur passe son tour.

Pendant qu'un joueur lance le dé, les autres joueurs peuvent rechercher les mots qui pourraient convenir à leurs grilles. Celui qui a complété sa plaque le premier a gagné.

Des lettres mobiles:

u	r	n	p	s	t	o	e	l	r	m	etc.

Un dé:

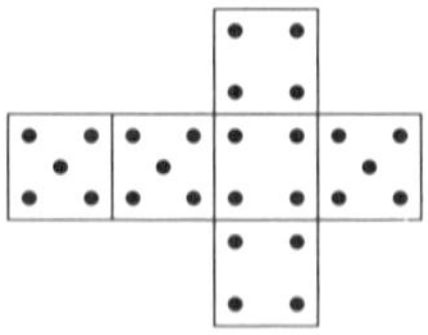

Exemple de plaque de jeu individuelle:

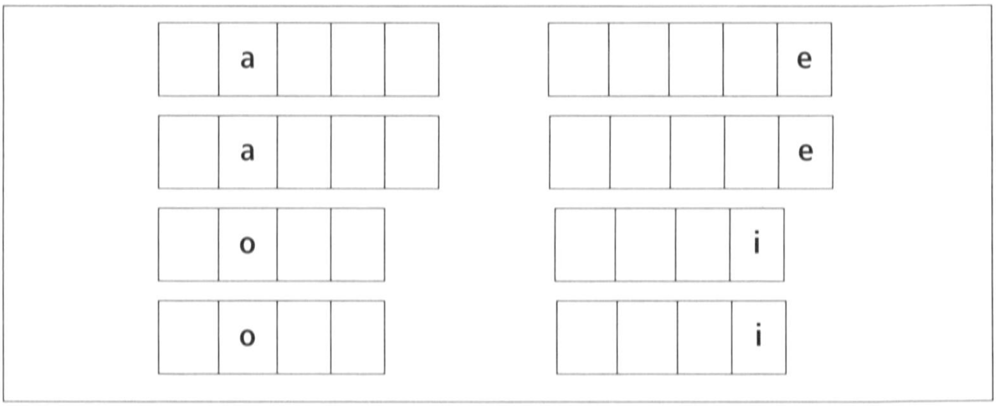

● Variante

Le dé des constellations numériques n'est pas utilisé. Ce jeu est basé sur la rapidité des réflexes, il stimule l'esprit de compétition.

Chaque joueur dispose d'une plaque de jeu et du « dictionnaire »; les lettres sont placées à l'endroit au milieu de la table.

Au signal, tous les joueurs en même temps consultent leur « dictionnaire » et repèrent quels sont les mots qui conviennent pour compléter leurs grilles: ils doivent tenir compte du nombre de lettres (cases) et de l'emplacement de la voyelle dans chaque mot. Le premier qui a complété sa plaque a gagné.

Quel est ce mot ?

Reconstitution de mots

Objectifs :
- Reconstituer un mot avec des lettres.
- Identifier et mémoriser des mots.
- Nommer et reconnaître les lettres.
- Prendre conscience de l'emplacement des lettres les unes par rapport aux autres : repérage, latéralisation.
- Préciser l'orthographe des mots.
- Développer l'esprit logique, les pouvoirs de raisonnement et de déduction.

Organisation : 3 à 8 joueurs.

Matériel :
- 20 à 30 étiquettes sur lesquelles sont écrits des mots associés à leur codage.
- Des lettres mobiles en grand nombre.
- Des bandes divisées en 3 à 7 cases, selon le nombre de lettres contenues dans les mots à trouver.
- Un « dictionnaire » (facultatif).

Déroulement

• But du jeu : découvrir un mot, de façon déductive, à partir de ses lettres.

• Règle du jeu :

Les lettres sont placées à l'endroit au milieu de la table, face aux joueurs.

Un animateur choisit une étiquette « mot-codage », à l'insu des joueurs, puis place devant eux la grille comprenant le nombre de cases égal au nombre de lettres du mot choisi.

Chaque joueur, à tour de rôle, choisit une lettre en la nommant :

– si la lettre nommée est dans le mot, l'animateur la place sur la grille, dans la (ou les) case(s) correspondante(s) (si la lettre se répète). Le joueur propose une autre lettre ;

– si la lettre nommée n'est pas dans le mot, le joueur passe son tour.

Les lettres proposées ne figurant pas dans le mot peuvent être isolées afin que les joueurs s'y réfèrent et ne choisissent pas deux fois la même lettre.

Remarques : les joueurs peuvent se référer à leur « dictionnaire » : en considérant la grille prévue par l'animateur, l'enfant peut déjà rechercher les mots dont le nombre de lettres est équivalent au nombre de cases. Il élimine ainsi les mots contenant plus ou moins de lettres que le mot à trouver. Lorsqu'une ou plusieurs lettres sont placées sur la grille, les enfants peuvent repérer les mots qui conviennent en considérant le rang de chaque lettre dans le mot. Ce jeu développe le pouvoir de déduction et l'esprit logique ; c'est également un exercice d'observation et d'attention.

Il n'est pas nécessaire que les enfants connaissent toutes les lettres : on peut montrer une lettre sans la nommer. Dans un groupe hétérogène, il y a toujours un leader qui nommera la lettre désignée.

Ce jeu renforce la connaissance de l'orthographe des mots, de l'emplacement des lettres les unes par rapport aux autres.

L'enfant prend conscience du nombre de lettres dans chaque mot et des lettres qui le constituent.

Il est amené à considérer les mots avec attention, à les décomposer, à les recomposer, à les comparer. On émet des hypothèses, on les vérifie, on les rectifie et on en tire des conclusions.

Exemple de stratégie : L'animateur choisit le mot maman 

Il place la grille comportant 5 cases devant lui :

Le 1er joueur choisit la lettre « p ». Est-ce qu'il y a un « p » dans ce mot ?
L'animateur répond : Il n'y a pas de « p » !
L'enfant passe son tour, il a perdu !
Le 2e joueur choisit la lettre « a » : Est qu'il y a un « a » ?
L'animateur répond : Oui, il y en a même deux !
Il place les lettres « a » dans les cases correspondantes :

	a		a	

Le troisième joueur choisit une autre lettre.

En considérant l'emplacement des « a » sur la grille, certains enfants devineront qu'il s'agit du mot « Maman ».
D'autres peuvent se référer au « dictionnaire », en cherchant un mot de 5 lettres contenant « a » placé au deuxième et quatrième rangs.
Au début, les enfants agissent de manière impulsive : on choisit deux fois la même lettre, on ne tient pas compte du nombre de cases ni des lettres déjà placées sur la grille. Mais très rapidement, ils se mettent à agir de manière plus structurée, prennent le temps d'observer la situation, émettent des hypothèses et prévoient leurs choix. On apprend très vite à se servir du « dictionnaire » : certains enfants devinent le mot caché très rapidement (dès la 2e lettre posée sur la grille) en tenant compte du nombre de lettres et de leur emplacement.

Exemples d'étiquettes :

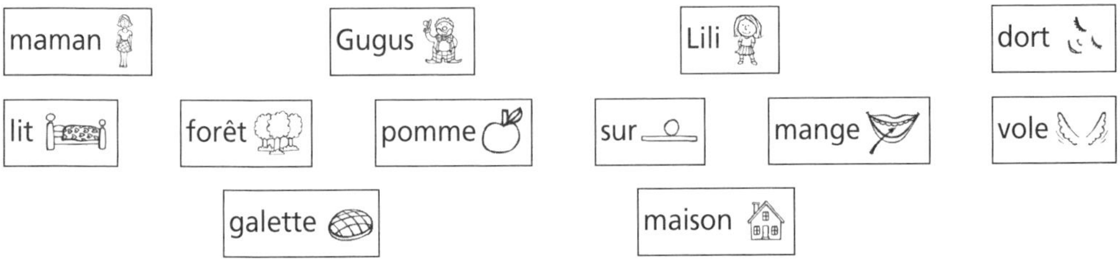

Des grilles de mots :

Des lettres mobiles :

a i o r m l v s t p n o

u b c etc.

Le scrabble

Reconstitution de mots

Objectifs:
- Être capable de combiner des lettres pour reconstituer un mot connu (ou non connu).
- Favoriser l'orthographe des mots.

Organisation: Jeu collectif ou par petits groupes.

Matériel:
- Des lettres mobiles.
- Une grille.
- Un lexique ou le « dictionnaire ».

• Déroulement

• But du jeu: reconstituer un mot avec les lettres mélangées.

• Règle du jeu:

Chaque enfant a une grille et des lettres volantes.

L'enseignant dicte, dans le désordre, les lettres d'un mot aux élèves.

Au fur et à mesure qu'elles sont énoncées, les enfants piochent les lettres et les placent sur leur grille. Au signal, chaque enfant essaye de reconstituer le mot, en se référant éventuellement au « dictionnaire ».

• Premier niveau

L'enseignant dicte toutes les lettres d'un mot dans le désordre. L'élève doit retrouver le mot qui utilise toutes les lettres énoncées. En principe, une seule solution est possible!

Exemple:

A	N	M	M	A		pour MAMAN
I	N	O	S	A	M	pour MAISON
A	A	P	P			pour PAPA

Deuxième niveau

L'enseignant dicte 7 lettres avec lesquelles les élèves doivent reconstituer l'un des mots du « dictionnaire ». Cette variante est plus difficile car il y a des « intrus », des lettres non utilisées.

Une seule solution est possible. Tous les élèves qui ont trouvé la solution ont gagné ; ou bien, le premier qui a trouvé la solution a gagné.

Exemple :

A	O	N	M	M	V	A	pour MAMAN

Troisième niveau

Il s'agit cette fois de reconstituer le mot le plus long (avec ou sans dictionnaire de référence) avec les 7 lettres dictées par l'enseignant.

L'enseignant doit sélectionner les lettres pour que les solutions puissent être nombreuses.

Exemple :

Avec les lettres | S | R | I | O | S | U | E | *on peut trouver :*

SOURIS, ROUSSE, ROSE, SOUS, SOIR, ROUE, ROI.

Ceux qui ont trouvé « souris » et « rousse » ont gagné !

Quatrième niveau

L'enseignant dicte 7 lettres avec lesquelles les élèves doivent reconstituer le plus de mots possible.

Exemple :

Avec les lettres | R | A | S | D | I | E | M | *on peut écrire :*

MARDI, RADIS, MAIS, DAME, RAME, MARE, AMIS, AMIES, AIME, MARIE.

• Remarque : ces deux dernières variantes s'adressent à des enfants de CP qui sont déjà capables de lire, donc de reconstituer l'orthographe d'un certain nombre de mots de manière exacte.

Les mots croisés (1)

Identification de mots et construction de phrases

Objectifs:
- Développement de l'acuité visuelle.
- Repérage horizontal et vertical des mots sur une grille (attention visuelle).
- Identification des mots.
- Reconstitution d'une phrase avec les mots étudiés.

Organisation: 6 joueurs.

Matériel:
- Un grand plan de jeu comportant 6 grilles de 10 x 10 cases. Sous chaque grille, 3 ou 4 emplacements sont délimités pour reconstituer les phrases avec les vignettes mobiles; dans chaque grille est «cachée» une phrase de 3 ou 4 mots.
- Des vignettes mobiles reprenant tous les mots des grilles sous forme de mots associés aux codages.

● Déroulement

• But du jeu: identifier des mots placés dans une grille et construire une phrase ayant un sens logique.

• Règle du jeu:

Les vignettes sont placées à l'endroit sur la table.

Les enfants doivent identifier les mots «cachés» dans la grille. Ils doivent combiner ces mots de manière à former une phrase correcte.

Ils ramassent les étiquettes correspondantes et reconstituent cette phrase en les plaçant dans l'ordre sous la grille.

• Remarque: ce jeu peut être facilement contrôlé à la fin.

Plus tard, quand les enfants ont bien mémorisé les mots, on peut remplacer les vignettes «code et mot» par des étiquettes sur lesquelles sont écrits les mots uniquement.

Un plan de jeu (situation en cours de jeu):

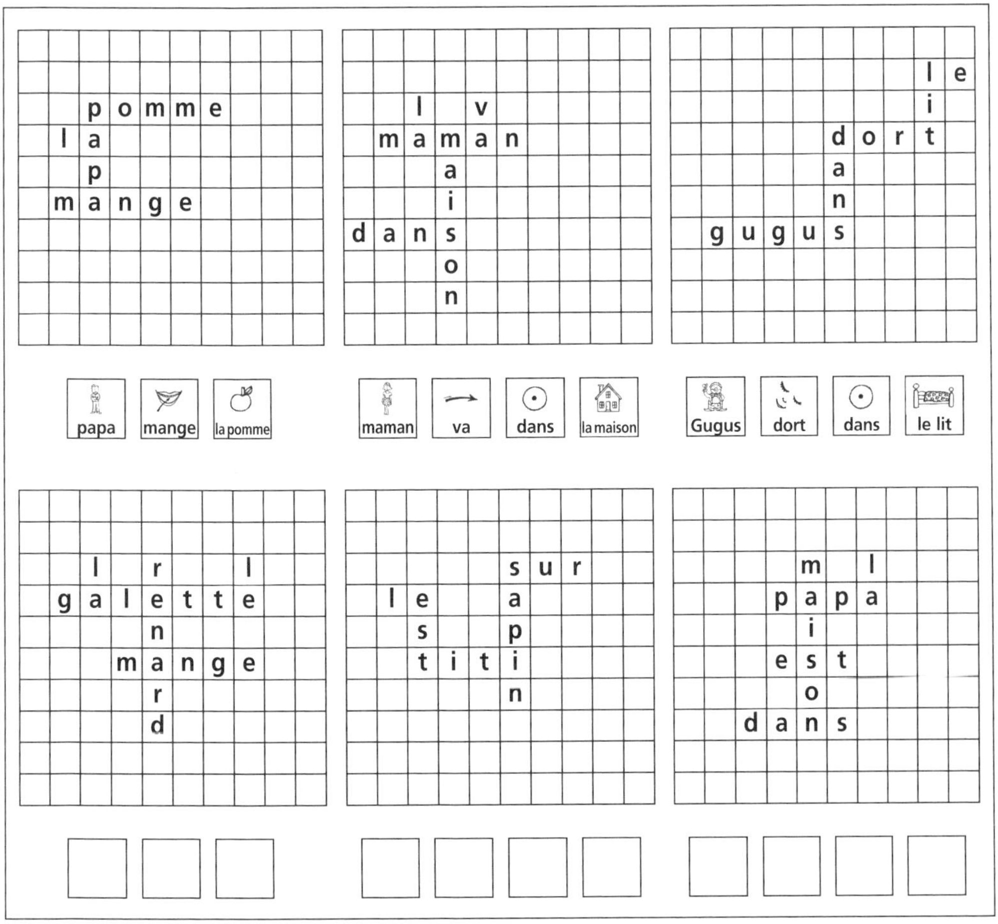

Des vignettes mobiles:

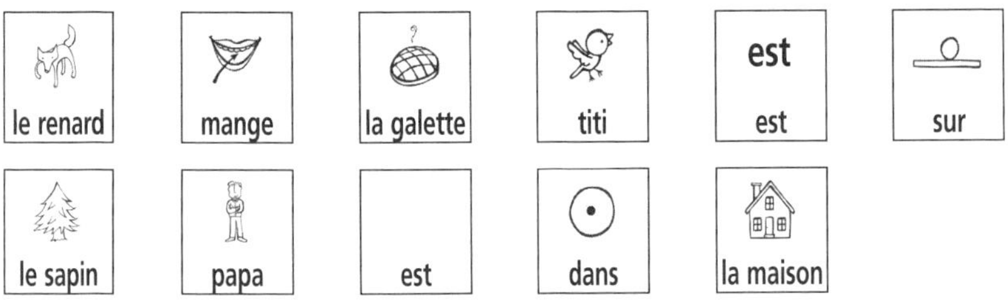

Les mots croisés (2)

Repérage du placement des mots dans une grille

Objectifs: – Latéralisation et repérage du sens des mots sur une grille: de gauche à droite et de haut en bas.
– Repérage de l'emplacement des lettres les unes par rapport aux autres, en complétant des mots (acquisition de l'orthographe du mot).
– Mémorisation et orthographe des mots.
– Attention et anticipation.

Organisation: 2 à 4 joueurs.

Matériel: – Un plan de jeu sur lequel sont représentées des bandes quadrillées entrecroisées. Ce quadrillage correspond à 16 mots croisés. Dans quelques cases seulement figurent des lettres.
– 49 lettres mobiles permettant de reconstituer les mots.
– 16 étiquettes-mots correspondant aux mots de la grille. Si les enfants ne connaissent pas encore ces mots, on peut y associer des codages.
– Un « dictionnaire » (facultatif).
– Un dé des constellations de 1 à 3.
– Des jetons.

• Première version, déroulement

• But du jeu: compléter la grille en fonction des mots qui la constituent.

Les objectifs sont ici l'identification des mots et le repérage du nombre et de l'emplacement des lettres sur la grille.

Matériel: le plan de jeu, les lettres mobiles et les étiquettes-mots.

• Règle du jeu:

Le plan de jeu est disposé au milieu de la table. Les lettres mobiles sont posées à l'endroit et les étiquettes-mots retournées à l'envers en tas. Chaque joueur, à tour de rôle, retourne une étiquette-mot; il doit repérer l'emplacement de ce mot sur la grille et compléter celui-ci avec les lettres manquantes.

Des lettres mobiles:

a m n a i o n b u u l e f r e m p a a p i n

i n a r g l e e o t u r a n r o a i n o u l

e p o i o

Un plan de jeu (situation de départ):

Des étiquettes-mots:

maman	maison	Bouboule	forêt	pomme	papa	dans	lapin
nid	renard	galette	voiture	roi	sapin	poule	poisson

• Deuxième version, déroulement

• But du jeu: Compléter la grille des mots croisés en s'aidant du « dictionnaire ».

L'objectif est ici d'apprendre à utiliser un dictionnaire en repérant les mots à placer sur le quadrillage en fonction du nombre de leurs lettres et de celles déjà placées sur le plan de jeu.

Matériel: le plan de jeu, les lettres mobiles, un « dictionnaire » par joueur et des jetons.

• Règle du jeu:

Le plan de jeu est disposé au milieu de la table. Les lettres mobiles sont posées à l'endroit. Tous les joueurs, en même temps, recherchent les mots à compléter en se référant à leur « dictionnaire ».

Le joueur qui a trouvé un mot qui convient place les lettres manquantes dans les cases correspondantes afin de vérifier l'exactitude de ses hypothèses.

Celui qui a reconstitué un mot gagne un jeton; celui qui a le plus de jetons à la fin de la partie a gagné.

● Troisième version, déroulement

• But du jeu: Compléter la grille en fonction des lettres qui constituent les mots.

L'objectif est ici de repérer l'emplacement des lettres les unes par rapport aux autres, dans les mots.

Matériel: le plan de jeu, les lettres mobiles, des jetons, un dé des constellations de 1 à 3 et le « dictionnaire » (facultatif).

• Règle du jeu:

Le plan de jeu est disposé au milieu de la table. Les lettres mobiles sont retournées à l'envers, devant les joueurs. Ceux-ci lancent le dé à tour de rôle.

Si, par exemple, le dé indique 3 points, le joueur retourne 3 lettres à l'endroit et doit les placer de manière exacte dans 3 cases de son choix sur le plan de jeu.

Chaque fois qu'un joueur peut terminer un mot, il gagne un jeton; c'est celui qui a le plus de jetons à la fin de la partie qui a gagné.

• Remarque: les lettres peuvent être placées dans 3 mots différents. Le joueur peut se référer à son « dictionnaire » pour trouver les emplacements qui conviennent.

Un dé:

Un plan de jeu (exemple de situation en cours de jeu):

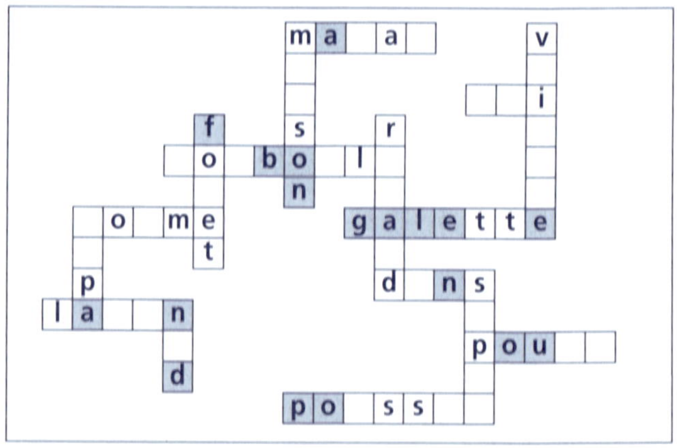

Des lettres mobiles:

m n a i u e r u m p a p i n r a i n l e i o

o t r a b r e u o i

Un plan de jeu (situation finale):

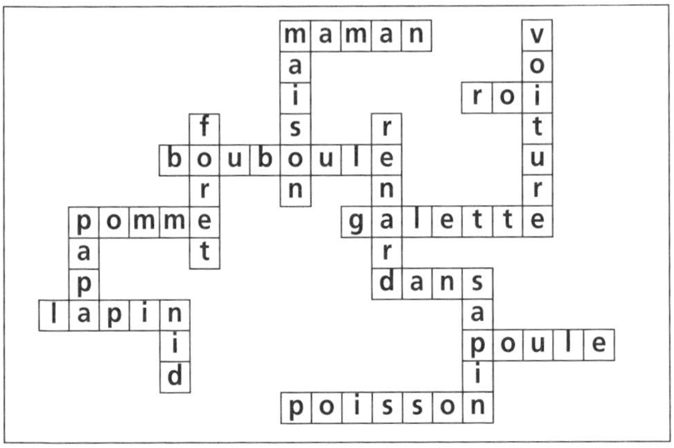

• Quatrième version, déroulement

• But du jeu: compléter la grille des mots en se référant aux images qui les illustrent.

L'objectif est ici de repérer l'emplacement des mots sur la grille et l'emplacement des lettres qui les constituent.

Matériel: le plan de jeu, les lettres mobiles, les images correspondant aux mots de la grille.

• Règle du jeu:

Le plan de jeu est disposé au milieu de la table. Les lettres mobiles sont posées à l'endroit, et les images sont retournées à l'envers sur la table. Chaque joueur, à tour de rôle, retourne une image.

Il lui associe le mot correspondant et repère l'emplacement de celui-ci sur la grille. Il place les lettres manquantes dans les cases pour reconstituer le mot. Il peut également placer l'image à côté du mot.

Des images correspondant aux mots:

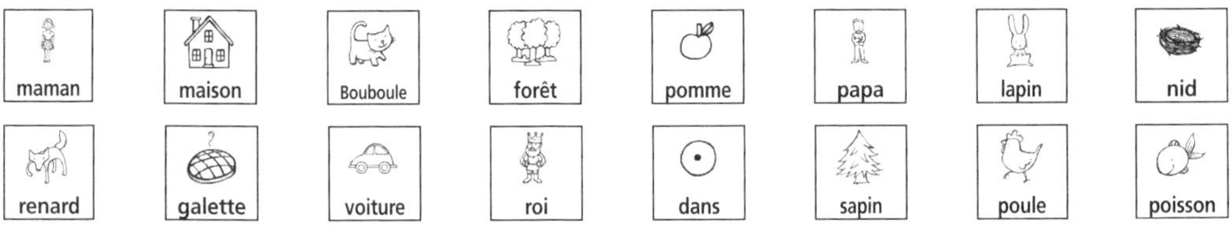

Je construis des mots croisés

Construction d'une grille de mots croisés

Objectifs:
- Identifier les lettres dans les mots.
- Repérer le sens des mots sur une grille.
- Repérer l'emplacement des lettres les unes par rapport aux autres dans les mots (acquisition de l'orthographe des mots).
- Identifier et reconnaître les mots dans le « dictionnaire ».

Organisation: 2 ou 3 joueurs.

Matériel:
- Un plan de jeu quadrillé (20 x 20 cases) sur lequel figure un mot.
- Des lettres mobiles.
- Un « dictionnaire » (facultatif).

Déroulement

• But du jeu : construire ses mots croisés sur le quadrillage, à partir d'un mot déjà placé.

• Règle du jeu :

Le plan de jeu est disposé au centre de la table.

Les lettres mobiles sont étalées autour, à l'endroit. Chaque joueur choisit les lettres correspondant à un mot connu ou à un mot du « dictionnaire », en tenant compte des lettres déjà placées sur le plan de jeu : le premier mot choisi doit donc avoir une lettre commune avec le mot placé au centre du quadrillage.

Chaque nouveau mot doit avoir une lettre commune avec un des mots déjà placés.

Les mots croisés se constituent ainsi peu à peu.

Des lettres mobiles :

e a r o p r a v u e l i a i t e o s u d a p

u r f c r d g r s e o d b e s t e s i p o e

p e r e p i

Un plan de jeu (situation initiale) :

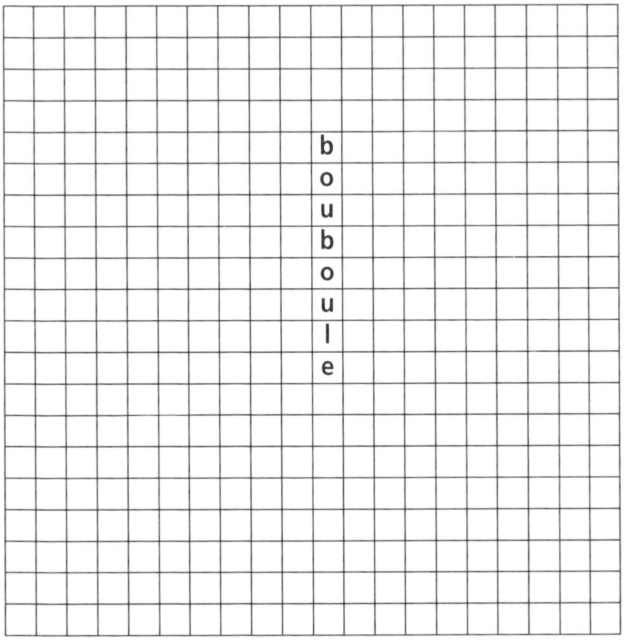

Un exemple de situation finale :

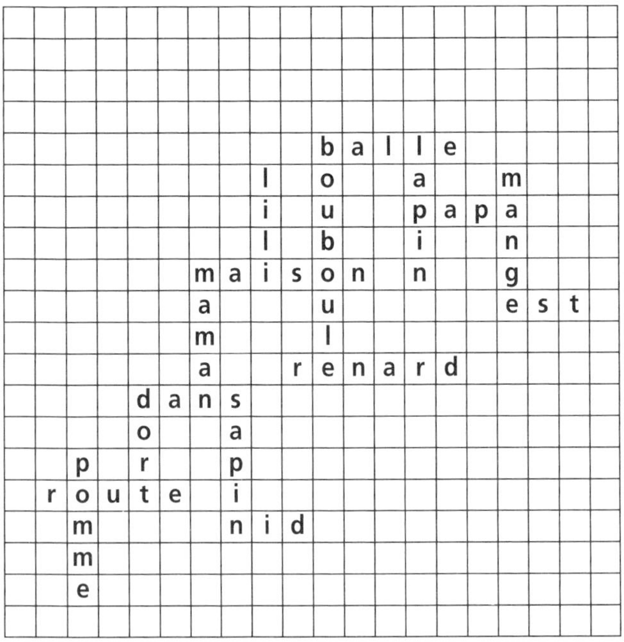

Les phrases

La phrase se compose de plusieurs mots, commence par une majuscule et se termine par un point.

L'enfant doit être capable :

– de s'exprimer par une phrase simple ou complexe (dans la dictée à l'adulte par exemple) ;

– de segmenter un texte en phrases : repérer les phrases dans le texte écrit qu'on vient de lire ;

– de segmenter une phrase en mots : repérer les mots successifs dans la phrase écrite qu'on vient de lire ;

– d'utiliser correctement les marques typographiques de la phrase : point et majuscule ; comprendre le sens des signes particuliers : point d'interrogation – point d'exclamation ;

– de relire une phrase en respectant la correspondance terme à terme entre le mot lu (énoncé) et le mot manuscrit (écrit).

Les jeux qui suivent visent à :

• **Apprendre aux enfants à construire une phrase :**

– repérage dans l'espace : sens de la lecture (de gauche à droite) ;

– repérage de la ponctuation : une phrase débute par une majuscule et se termine par un point, un point d'exclamation, d'interrogation… ;

– repérage dans le temps : *avant*, *après* ;

– prendre conscience que les mots peuvent se combiner de manières différentes et que leur emplacement peut changer le sens de la phrase.

– découvrir sa structure : sujet, verbe, complément…

• **Apprendre à adopter un comportement de lecteur :**

– prendre conscience que l'écrit est porteur de sens ;

– prendre conscience que tout ce qui peut se dire peut s'écrire et se lire ;

– apprendre à produire du sens.

• **Plonger les enfants dans un « bain de mots » :** favoriser la mémorisation des mots, enrichir leur vocabulaire.

• **Développer son imagination et son autonomie :** l'adulte doit respecter le rythme, la liberté et la créativité de l'enfant.

• **Donner à l'enfant l'envie d'écrire :** il doit comprendre que l'écriture permet de transmettre des messages.

● Pour appréhender le sens : la bande dessinée

• **La lire :** lire une bande dessinée est un véritable exercice de lecture : avant de lire les mots, l'enfant lit les images. En lisant une bande dessinée, l'enfant émet des hypothèses, formule des déductions : il développe son esprit logique ; c'est aussi un excellent moyen de communication et d'expression.

• **L'inventer :** en inventant une bande dessinée, l'enfant apprend à organiser sa pensée dans l'espace et dans le temps : il prend conscience des notions « avant-après », du sens « gauche-droite » de l'écriture et de la lecture. Enfin, il développe son imagination.

● Pour construire des phrases : le coin des histoires

• Construire des phrases

Les enfants peuvent quotidiennement se rendre dans « le coin des histoires » pour inventer des phrases en piochant dans le « dictionnaire » : ils devront rassembler les éléments nécessaires à la construction des phrases qu'ils imaginent, les disposer linéairement, dans l'ordre logique, en respectant aussi le sens de lecture.

Ils recopient ensuite leurs phrases : ils dessinent d'abord les codages sur une feuille, puis écrivent dessous les mots correspondants.

Ils restituent enfin l'histoire oralement à l'enseignant et/ou aux autres enfants.

En début d'année, les enfants forment des phrases simples ; à partir du deuxième trimestre, les productions deviennent plus riches et plus variées : les enfants composent des phrases complexes, avec des subordonnées.

Les enfants aiment beaucoup « inventer des histoires », et sont très fiers de leurs réalisations ! Ce « coin des histoires » leur permet en effet de comprendre ce qu'ils écrivent, et de prendre conscience que le langage écrit produit du sens.

En manipulant les mots, en les écrivant, l'enfant est amené à les observer, les identifier, à mémoriser leur orthographe et à enrichir son vocabulaire.

• Écrire pour lire

À l'occasion de ces séances, on s'aperçoit que les enfants aiment beaucoup écrire, au sens de « créer du sens », ou, selon les termes de Marcelle Abbadie : « *"Écrire", au sens parfait du terme, ce n'est pas tracer péniblement des lettres, ce n'est pas copier des mots et des phrases (qu'on ne comprend pas !), c'est transmettre, par la graphie, un message compréhensible par tous ceux qui savent parler (et lire) la langue employée.* »

L'apprentissage de la lecture peut présenter une motivation supplémentaire, quand on donne comme ici à l'enfant l'occasion d'exploiter son imagination, son esprit d'invention et son autonomie. Ainsi, selon L. Boulay : « *L'apprentissage de la lecture est étroitement lié avec l'exercice de l'écriture.* »

De nombreux pédagogues ont parlé du lien entre lecture et écriture, en insistant sur l'importance de la compréhension du texte lu : « *Lire, c'est comprendre* » (Charmeux) ; « *Comprendre, c'est construire du sens* » (Richaudeau).

Ainsi, en construisant leurs phrases, souvent sans parler (les jeux de construction de phrases se passent la plupart du temps dans le silence), les enfants apprennent à lire.

Souvent, la phrase n'est lue (oralement) qu'au moment où les enfants la disent à l'enseignant.

À ce moment-là, ils la relisent non pas mot par mot mais d'un seul coup, dans son ensemble. En effet, selon François Richaudeau : « *L'acte de lire est essentiellement visuel et mental et non phonatoire. L'oralisation ne devient nécessaire que lorsqu'on apprend à déchiffrer.* »

● Pour comprendre la structure : les jeux de loto

• L'intérêt des jeux de loto

Dans ces jeux, l'enfant « lit » pour jouer. Il apprend à combiner des mots (associés ou non à un codage) pour construire des phrases, pour produire du sens.

Son intérêt, sa curiosité et son invention sont alors sans cesse sollicités.

Ces jeux de loto favorisent l'expression orale, les échanges de points de vue et la socialisation.

Le loto et le mémory développent chez l'enfant l'esprit logique, son pouvoir d'analyse, de synthèse et d'anticipation ainsi que son imagination.

Certains jeux utilisent les mêmes mots afin de favoriser leur mémorisation et de consolider des acquisitions encore fragiles : les activités de réinvestissement ou d'entraînement sont très importantes pour l'acquisition du vocabulaire.

Les enfants apprennent à considérer la lecture comme une recherche de sens en reconstituant des phrases, et se préparent ainsi à adopter un comportement de lecteur.

• S'adapter au niveau des enfants

Ces jeux de loto peuvent être adaptés au niveau des enfants. Ils peuvent être réajustés au cours de l'année, selon leur niveau de connaissances.

En moyenne section,
on peut n'utiliser que des codages :

En début de grande section,
on peut associer le mot au codage :

Le chat	dort	dans	le panier.
La voiture	roule	sur	la route.
Le renard	va	dans	la forêt.

En grande section, à partir du 2e trimestre, on peut panacher mots connus et mots + codages :

Le chat	dort	 dans	le panier.
 La voiture	 roule	sur	 la route.
Le renard	 va	dans	 la forêt.

En grande section, à partir du 3e trimestre, on peut n'utiliser que des mots connus des enfants s'ils maîtrisent déjà le principe alphabétique.

Le chat	dort	dans	le panier.
La voiture	roule	sur	la route.
Le renard	va	dans	la forêt.

● L'importance du choix des phrases

Pour ces exercices, il est nécessaire de choisir des phrases types particulières, afin de limiter au minimum les possibilités de combinaison entre les mots. Ainsi, les enfants ne sont pas perturbés par les différentes possibilités de construction, mais se concentrent sur la structure.

Il est bon également que le sens logique soit sans aucune ambiguïté, afin que sa confirmation ou son infirmation soient faciles. Voici quelques exemples :

« La souris mange le fromage. »

« Le lapin va dans la forêt. »

« Papa dort dans le lit. »

« La pomme est dans le panier. »

« Le chapeau est sur la tête. »

« L'oiseau vole dans le ciel. »

La bande dessinée

Réalisation d'une planche de BD

Objectifs:
- Favoriser l'expression orale.
- Structurer l'espace : sens de la lecture de gauche à droite.
- Structurer le temps : notion de avant-après (passé, présent, futur).
- Développer l'esprit logique : respecter le lien entre chaque image.
- Développer l'imagination et le pouvoir d'invention.
- Favoriser un comportement de lecteur : anticipation et relations entre les séquences.
- Coder et décoder.

• Construire une bande dessinée

Ce travail collectif consiste à faire réaliser aux enfants une bande dessinée à partir d'une comptine, d'un conte ou d'une histoire vécue : naissance d'un petit frère, chute en vélo, hospitalisation d'un enfant, histoire concernant un animal familier...

Le travail se déroule ainsi :

- les enfants relatent l'histoire, vécue ou inventée ;
- l'enseignant dessine la suite des événements, en tenant compte des suggestions des enfants ;
- on découpe l'histoire en séquences ;
- on la reconstitue, en respectant la suite chronologique.

• Constituer un album

Ce travail collectif peut être réalisé à l'attention des correspondants ou pour la classe, à partir d'un conte, d'un film présentés collectivement :

- les enfants racontent l'histoire : ils doivent essayer de respecter la suite chronologique ;
- chacun des enfants choisit de dessiner l'un des épisodes de l'histoire ;
- puis on classe les dessins dans l'ordre pour arriver à reconstituer l'histoire ;
- on les assemble pour en faire un livre (chaque dessin pourra être accompagné d'un petit texte, dicté par les enfants à l'enseignant.

• Inventer une histoire

Cet autre exercice collectif a pour but d'inventer une histoire en choisissant des héros : marottes, marionnettes de la classe, personnages en rapport avec le thème du moment, etc.

Compléter une bande dessinée

1. Compléter par un dessin les cases vierges (ici 1re et 3e) d'une bande dessinée en tenant compte des indices présents dans les cases déjà illustrées (2e et 4e) et en respectant la chronologie de l'histoire.

2. Compléter les cases par rapport à un élément fixe (ici le toit) auquel il faudra ajouter les détails pour reconstituer l'histoire de la poule :

« La poule est sur le toit
Elle chante à pleine voix
Elle a pondu un œuf
L'œuf a glissé du toit
Et la poule a pleuré
Son bel œuf est cassé
Mais le coq a chanté
Et la poule a dansé ! »

Inventer une bande dessinée

Inventer une bande dessinée est un excellent exercice préparatoire à la lecture. Cela permet aux enfants d'apprendre à :

- se repérer dans le temps et dans l'espace ;
- respecter le lien entre chaque séquence ;
- respecter la permanence des personnages.

Cet exercice individuel doit être précédé d'une séquence de langage.

Avant la réalisation, l'enfant raconte à l'enseignant ce qu'il veut dessiner. Il faut :

– trouver le titre ;
– repérer le personnage principal ;
– cerner les détails importants ;
– organiser son histoire en séquences (avec l'aide de l'enseignant, on essaie de structurer sa pensée) ;
– faire rechercher à l'enfant ce qu'il va dessiner dans chaque case ;
– chercher comment traduire l'attitude et l'expression des personnages.

Ensuite, chaque enfant va devoir dessiner les différentes séquences de son histoire : il doit disposer pour cela d'une bande divisée en 4 cases vides.

S'il veut faire parler ses personnages, l'enseignant écrit les suggestions dans les bulles.

• Remarques : chaque histoire sera relue collectivement : on constate alors que certains enfants n'ont pas respecté les consignes. Après une critique des réalisations et un nouvel exercice, on constate une nette amélioration ; les enfants ont compris la démarche à suivre : être attentif à la permanence des personnages, à la chronologie, au lien qui unit les différentes séquences, à l'importance de certains détails nécessaires à la compréhension de l'histoire.

Des exemples de réalisations :

1. *Le chasseur et l'oiseau.* Anthony, cinq ans et demi.

2. Création de bandes dessinées (grande section) ; les textes dictés par l'enfant sont écrits par l'enseignant.

3. Bande dessinée à compléter.

Le coin des histoires

Objectifs:

- Favoriser la mémorisation des mots : enrichir son vocabulaire.
- Découvrir la structure de la phrase : sujet, verbe, complément.
- Se repérer dans l'espace : sens de la lecture de gauche à droite.
- Repérage dans le temps, « avant-après ».
- Prendre conscience que les mots peuvent se combiner de manières différentes et que leur emplacement peut changer le sens de la phrase.
- Prendre conscience que l'écrit est porteur de sens.
- Prendre conscience que tout ce qui peut se dire peut s'écrire et se lire.
- Favoriser l'autonomie et l'imagination.

Organisation: Collectif.

Matériel:

- Les étiquettes reprenant les mots du « dictionnaire » et classées dans des boîtes.
- Des bandes de papier ou de carton (feuille A3 partagée en deux dans le sens de la longueur).
- Des stylos-feutres et des crayons à papier.

• Déroulement

Le coin des histoires est formé par 6 tables regroupées sur lesquelles sont placées des étiquettes et des paniers contenant le reste du matériel. Tous les matins, au moment des jeux, les enfants peuvent aller au coin des histoires pour inventer une phrase. Cette activité peut être représentée sur le tableau de jeux.

Les enfants choisissent des mots, essayent de les combiner entre eux pour composer une phrase. Chacun doit organiser ses étiquettes sur le plan linéaire en respectant l'ordre chronologique de son histoire. Sur la feuille, il dessine les codages au stylo-feutre ; puis il écrit les mots correspondants au crayon sous les codages. À la fin de l'exercice, il relit son histoire à l'enseignant et à ses camarades.

Les démarches observées

Au cours des premiers essais, certains enfants procèdent sans ordre :

- on commence du mauvais côté !
- on oublie un élément de la phrase,
- on range mal les étiquettes,
- on ne respecte pas toujours la correspondance entre le codage et le mot,
- on a des difficultés à tenir compte de l'espace délimité par la feuille (l'enfant « déborde » !),
- on ne respecte pas l'espace entre les mots, etc.

Mais très rapidement, on constate que les enfants apprennent à construire correctement leur phrase, à bien s'orienter et à répartir les mots et les codages très régulièrement sur leur feuille ; leur écriture devient plus nette, plus affinée, les caractères sont plus petits.

Les « nouveaux » profitent de l'expérience des « anciens » qui maîtrisent très bien cet exercice.

En début d'année, les enfants composent des phrases simples ; à partir du 2e trimestre, les productions deviennent plus riches et plus variées : les enfants composent des phrases plus complexes avec des subordonnées.

Quelques étiquettes (mots du dictionnaire) parmi d'autres :

etc.

Une bande de papier 12 x 50 cm :

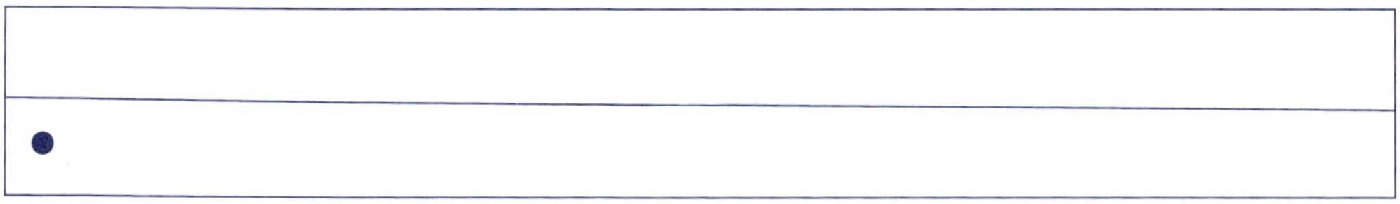

• Remarque : les étiquettes avec les mots sont classées dans des boîtes, ce qui facilite considérablement le choix des mots pour la construction des phrases.
Prévoir 6 boîtes :

– Une boîte avec les noms des personnages : Lili, Gugus, Papa…
– Une boîte avec les noms de choses : la fleur, l'arbre, la maison, le lit…
– Une boîte avec les noms d'animaux : le chat, la souris…
– Une boîte avec les verbes : mange, roule, va, voit…
– Une boîte avec les adjectifs : vert, rouge, jolie, petite…
– Une boîte avec les prépositions : sur, dans, à, pour, avec…

Le puzzle des comptines

Reconstitution de texte

Objectifs :
- Identifier et reconstituer un texte par prélèvement d'indices (mots connus, partie du mot, disposition particulière des phrases).
- Identifier et reconstituer différentes parties d'un mot.
- Prendre conscience de la composition des mots et de la relation entre eux.
- Mise en relation entre les unités sonores et graphiques.

Organisation : 4 joueurs.

Matériel :
- 4 planches (fond du puzzle) sur lesquelles sont reproduits les textes de chaque comptine.
- 16 éléments des puzzles : 4 plaques cartonnées sur lesquelles sont écrites les comptines ; ces plaques cartonnées sont divisées et coupées en 4 éléments du puzzle. Les éléments des 4 puzzles sont coupés de manière identique afin que l'enfant ne puisse pas se référer à la découpe pour identifier l'élément d'un puzzle.

LES COMPTINES

LE PETIT CHAT GRIS
Un petit chat gris
Qui mangeait du riz
Sur un tapis gris

ZOZO LE SOURICEAU
Zozo le souriceau
Joue du piano
Avec Saxo
Le petit sot

LE PETIT VER TOUT NU
Qui a vu
Dans la rue
Tout menu
Le petit ver tout nu

TARA LE PETIT RAT
Tara le petit rat
S'en va au Canada
Avec Sacha
Le petit chat

• Remarque : ces quatre comptines ont déjà été exploitées (voir étude des voyelles). Elles ont été mémorisées et récitées oralement. Les textes ont été étudiés et fait l'objet de séquences de « lecture découverte ».

• Déroulement

• But du jeu : reconstituer le puzzle de la comptine de manière exacte.

• Règle du jeu :

Chaque joueur a une planche (fond du puzzle). Les éléments des puzzles sont mélangés et disposés à l'envers au milieu de la table.

Chaque joueur, à tour de rôle, retourne un morceau de puzzle. Il observe la partie du texte :
– s'il identifie une partie d'un texte de sa comptine, il pose l'élément sur son puzzle à l'emplacement qui convient ;
– si la partie du texte ne correspond pas à celui de sa comptine, il remet cet élément à sa place, à l'envers.
Les joueurs suivants doivent en mémoriser l'emplacement afin d'avoir plus de chance de gagner.
Le premier qui a reconstitué sa comptine (son puzzle) a gagné.

• Remarque : dans ce jeu, on demande uniquement à l'enfant d'identifier l'élément d'un texte qui correspond au modèle.

• Variante

Matériel:
– 4 planches (fond du puzzle) sans modèle (sans le texte) avec l'image éventuellement.
– 24 éléments des puzzles (le texte est coupé en 6 parties).

• Déroulement

• But du jeu : reconstituer le puzzle de chaque comptine.

• Règle du jeu :

Identique au précédent.

• Remarque : cette variante suppose que les enfants ont déjà étudié et (éventuellement) lu ce texte au préalable, avec ou sans l'aide de l'enseignant, et qu'ils sont capables d'identifier les différents éléments de leur texte par prélèvement d'indices tels que : mots connus, disposition des mots les uns par rapport aux autres, identification du titre, etc.

Une planche de jeu avec le texte (1er jeu) : **Une planche de jeu sans le texte (variante) :**

LE PETIT CHAT GRIS

Un petit chat gris
Qui mangeait du riz
Sur un tapis gris

Un exemple de puzzles coupés en 6 parties :

LE PETIT CHAT GRIS
Un petit chat gris
Qui mangeait du riz
Sur un tapis gris

LE PETIT VER TOUT NU
Qui a vu
Dans la rue
Tout menu

ZOZO LE SOURICEAU
Zozo le souriceau
Joue du piano
Avec Saxo
Le petit sot

TARA LE PETIT RAT
Tara le petit rat
S'en va au Canada
Avec Sacha
Le petit chat

Le loto des phrases (1)

Construction de phrases

Objectifs :
- Adopter un comportement de lecteur : sens logique, sens de la lecture, situer les mots dans la phrase.
- Identifier les mots connus et les codages ; reconnaissance par voie directe.
- Anticiper le sens de la phrase à partir d'indices connus.
- Développer l'imagination et l'esprit logique de l'enfant.
- Favoriser l'expression orale.

Organisation : 4 joueurs.

Matériel :
- 4 plaques individuelles différentes sur lesquelles figurent 3 phrases codées incomplètes.
- Des étiquettes portant les mots (connus des enfants) nécessaires pour compléter les phrases ; prévoir autant d'étiquettes-mots que de cases à compléter.

● Déroulement

• But du jeu : compléter des phrases avec des mots connus en respectant le sens logique.

• Règle du jeu :

Chaque joueur dispose d'une plaque individuelle. Les étiquettes-mots sont rangées en lignes, à l'envers. Chaque joueur, à tour de rôle, retourne une étiquette et lit à haute voix le mot inscrit dessus :

– s'il peut utiliser ce mot pour compléter une de ses phrases, il pose l'étiquette à l'emplacement correspondant sur sa plaque ;

– s'il ne peut pas utiliser ce mot, il remet l'étiquette à l'envers.

Les autres joueurs doivent mémoriser l'emplacement de ce mot s'ils doivent l'utiliser pour compléter une phrase.

• Remarques : le « dictionnaire » peut être laissé à la disposition des enfants pour vérifier leurs hypothèses ou pour identifier un mot non mémorisé.

Ce jeu permet de contrôler la reconnaissance des mots étudiés par les enfants. Il leur permet également de construire des phrases à partir d'un « capital-mots » très restreint.

Le premier qui a complété sa plaque a gagné.

Des étiquettes avec des mots :

dort	dans	la forêt

Exemple de plaque individuelle (situation en cours de jeu) :

Le loto du sujet

Construction de phrases

Objectifs :
- Acquérir la notion de sujet dans une phrase.
- Initiation à la lecture : lecture de codages, favoriser la mémorisation des mots par imprégnation.
- Sens de la phrase (repérage de gauche à droite), respecter le sens logique.
- Anticiper le sens de la phrase à partir d'indices connus.
- Développer l'esprit logique, le pouvoir de déduction et l'imagination.
- Favoriser l'expression orale.

Organisation : 4 joueurs.

Matériel :
- 4 plaques individuelles différentes sur lesquelles figurent 4 phrases incomplètes où manque le sujet ; ces phrases sont divisées en cases où chaque mot est associé à son codage.
- 16 ou 20 étiquettes avec des mots associés à leur codage et correspondant aux « sujets » manquants de chaque phrase ; on peut prévoir quelques étiquettes supplémentaires pour respecter l'imagination de l'enfant.

• Déroulement

• But du jeu : compléter chaque phrase avec le sujet qui convient.

• Règle du jeu :

Chaque joueur dispose d'une plaque individuelle. Les étiquettes sont posées à l'envers sur la table.

Chaque joueur, à tour de rôle, retourne une étiquette et nomme le mot inscrit dessus :

– s'il peut utiliser ce mot pour compléter une de ses phrases de façon logique, il pose l'étiquette à l'emplacement correspondant sur sa plaque ; il relit la phrase pour en vérifier le sens ;

– s'il ne peut pas utiliser ce mot, il place l'étiquette à l'endroit devant lui.

Les joueurs ont le choix entre :

– piocher une étiquette, comme cela a été décrit précédemment ;

– demander un mot à un camarade, parmi les étiquettes non utilisées posées à l'endroit devant celui-ci.

Le premier qui a complété sa plaque a gagné.

Exemple de plaque individuelle (situation en cours de jeu) :

 Le roi	est est	 dans	 le château.
 L'oiseau	 dort	 dans	 le nid.
	 va	 dans	 la forêt.
	 monte	 sur	 le sapin.

Exemples d'étiquettes :

Gugus

Bouboule

Le lapin

• Remarque : on peut demander aux enfants d'utiliser la forme interrogative en posant des questions de la manière suivante :

Question : « Qui dort dans le nid ? »

	 dort	 dans	 le nid.

Réponse : « l'oiseau ».

L'oiseau

Question : « Qu'est-ce qui roule sur la route ? »

	 roule	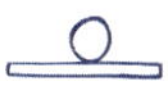 sur	 la route.

Réponse : « la voiture » ou « le vélo ».

La voiture

Le vélo

• Variante : le loto du sujet (mémory) :

En plus des objectifs précédemment cités, ce jeu permet aussi :
- d'imaginer une phrase ayant un sens logique ;
- d'anticiper l'emplacement de chaque mot dans la phrase ;
- de prendre conscience de la relation des mots les uns par rapport aux autres.

Matériel : – 4 plaques individuelles sur lesquelles figurent 2 phrases incomplètes, divisées en cases. Un seul indice pour chaque phrase : la case sujet.
– Des étiquettes avec des mots associés à leur codage (ou avec les mots uniquement selon niveau), pour compléter les phrases ; il faut prévoir 3 à 5 étiquettes supplémentaires pour respecter une certaine liberté et l'imagination de l'enfant.

• But du jeu : compléter une phrase en fonction du sujet déjà indiqué. Le premier qui a complété sa plaque a gagné.

• Règle du jeu :

Chaque joueur dispose d'une plaque individuelle. Les étiquettes sont posées à l'envers sur la table. Chaque joueur, à tour de rôle, retourne une étiquette et nomme le mot inscrit dessus :
- s'il peut utiliser ce mot pour construire une phrase logique, il place l'étiquette dans la case correspondante ;
- s'il ne peut pas utiliser ce mot, il remet l'étiquette à l'envers. Si le joueur suivant a besoin de ce mot pour compléter une de ses phrases, il doit mémoriser l'emplacement de l'étiquette retournée.

Exemple de plaque individuelle (situation en cours de jeu) :

 **Titi**			 **le ciel** .
 **Le poisson**	 **nage**		 **l'eau** .

Des étiquettes :

 **dans**	 **vole**
 **dans**	 **le sapin**
est **est**	 **le nid**

• Remarque : dans ce jeu, l'enfant doit prévoir la phrase qu'il veut construire et anticiper l'emplacement de chaque mot dans la phrase.

Le loto des prépositions

Construction de phrases

Objectifs :
- Acquérir la notion de préposition dans une phrase.
- Initiation à la lecture : lecture de codages, favoriser la mémorisation des mots par imprégnation.
- Sens de la phrase (repérage de gauche à droite).
- Respecter le sens logique de la phrase.
- Déterminer l'emplacement des mots les uns par rapport aux autres.
- Anticiper le sens de la phrase à partir d'indices connus.
- Favoriser l'expression orale.

Organisation : 4 joueurs.

Matériel :
- 4 plaques individuelles différentes sur lesquelles figurent 4 phrases incomplètes où manque la préposition ; ces phrases sont divisées en cases où sont écrits les mots associés à leur codage ou les mots uniquement selon niveau.
- 16 étiquettes avec les prépositions (et leurs codages) nécessaires à la construction de chaque phrase.

Déroulement

• But du jeu : compléter chaque phrase avec la préposition qui convient.

• Règle du jeu :

Chaque joueur dispose d'une plaque individuelle. Les étiquettes sont posées à l'envers, en un tas, au milieu de la table.

Chaque joueur, à tour de rôle, retourne une étiquette et lit la préposition inscrite dessus :

- si celle-ci convient pour compléter une des phrases de façon logique, le joueur pose l'étiquette à l'emplacement correct ;
- si la préposition ne convient pas, le joueur pose l'étiquette à l'endroit devant lui.

Les joueurs ont le choix entre :

- piocher une étiquette, comme cela a été décrit précédemment ;
- demander une préposition non utilisée à un camarade.

Le premier qui a complété sa plaque a gagné.

Exemple de plaque individuelle (situation initiale) :

Le poisson	nage		l'eau.
La voiture	roule		la route.
La pomme	est est		le panier.
Le lapin	dort		le sapin.

Des étiquettes :

sur	dans
sous	dans

• Remarque : on peut aider les enfants en leur posant les questions suivantes :

« Où passe le train ? » « Sous le tunnel. »

Le train	passe		le tunnel.

« Où tombe la pomme ? » « Dans l'herbe. »

La pomme	tombe		l'herbe.

Variante : le mémory des prépositions

Matériel :
– 4 plaques individuelles sur lesquelles figurent des phrases incomplètes, divisées en cases. Un seul indice : la préposition (« sur », « sous », « dans »).
– Des étiquettes avec des mots associés à leurs codages (ou des mots uniquement) pour compléter les phrases ; il faut prévoir des étiquettes supplémentaires pour respecter une certaine liberté et favoriser l'imagination des enfants.

• But du jeu : compléter chaque phrase en fonction de la préposition déjà indiquée.

• Règle du jeu :

Chaque joueur dispose d'une plaque individuelle. Les étiquettes sont posées à l'envers, les unes à côté des autres.

Chaque joueur, à tour de rôle, retourne une étiquette et lit ce qui est inscrit dessus :

– s'il peut utiliser ce mot pour construire sa phrase de façon logique, il pose l'étiquette à l'endroit qui convient et relit la phrase pour en vérifier le sens ;

– s'il ne peut pas utiliser ce mot, il retourne l'étiquette à l'envers sur la table. Les autres joueurs doivent mémoriser l'emplacement de cette étiquette s'ils en ont besoin pour compléter une de leurs phrases.

Le premier qui a complété sa plaque a gagné.

Exemple de plaque individuelle (situation en cours de jeu) :

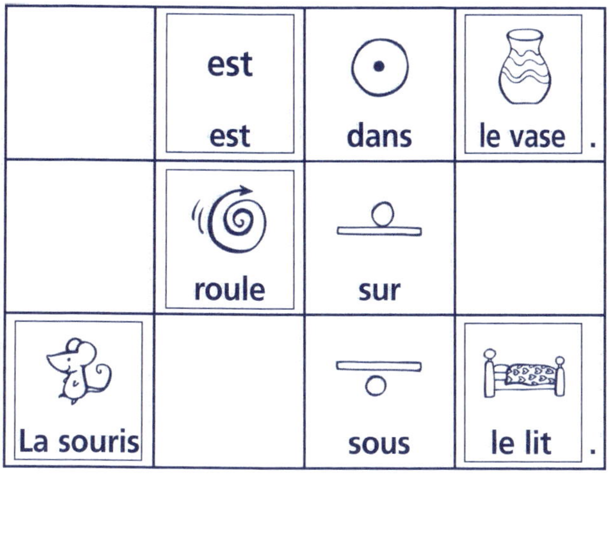

Des étiquettes :

Le loto du verbe

Construction de phrases

Objectifs:
- Acquérir la notion de verbe dans une phrase.
- Initiation à la lecture : lecture de codages, favoriser la mémorisation des mots par imprégnation.
- Sens de la phrase (repérage de gauche à droite).
- Respecter le sens logique de la phrase.
- Déterminer l'emplacement des mots les uns par rapport aux autres.
- Anticiper le sens de la phrase à partir d'indices connus.
- Favoriser l'expression orale.

Organisation: 4 joueurs.

Matériel:
- 4 plaques individuelles différentes sur lesquelles figurent 4 phrases incomplètes où manque le verbe ; ces phrases sont divisées en cases où chaque mot est associé à son codage.
- 16 étiquettes avec les verbes (et leurs codages) nécessaires à la construction de chaque phrase.

Déroulement

- But du jeu : compléter chaque phrase avec le verbe qui convient.
- Règle du jeu :

Chaque joueur dispose d'une plaque individuelle. Les étiquettes sont posées à l'envers en un tas.

Chacun, à tour de rôle, retourne une étiquette et lit le verbe inscrit dessus :

– si celui-ci convient pour compléter une des phrases de façon logique, le joueur pose l'étiquette à l'emplacement correct ;

– si le verbe ne convient pas, le joueur pose l'étiquette à l'endroit devant lui.

Les joueurs ont le choix entre piocher une étiquette ou demander un verbe non utilisé à un camarade ; par exemple : « S'il te plaît, Mathieu, peux-tu me donner "mange" ? »

Ensuite, l'enfant relira les phrases pour en vérifier le sens logique.

Le premier qui a complété sa plaque a gagné.

Selon le niveau des enfants, on peut effectuer ce jeu avec des étiquettes-mots uniquement, sans les codages.

Exemple de plaque individuelle (situation initiale) :

L'oiseau		dans	le ciel.
Maman		dans	le lit.
La voiture		sur	la route.
Pic-pic		sous	l'arbre.

Des étiquettes :

vole	dort
va	roule

Exemple de plaque individuelle (situation en cours de jeu) :

L'avion	vole	dans	le ciel.
Maman		dans	le lit.
Le vélo	roule	sur	la route.
L'escargot		sous	l'arbre.

Étiquettes restantes :

va	dort

Exemple de plaque individuelle (situation finale) :

L'avion	vole	dans	le ciel.
Maman	dort	dans	le lit.
Le vélo	roule	sur	la route.
L'escargot	va	sous	l'arbre.

• Variante : le mémory des verbes

Matériel : – 4 plaques individuelles sur lesquelles figurent 2 phrases incomplètes, divisées en cases. Un seul indice : le verbe.
– Des étiquettes avec des mots (et leur codage si nécessaire) pour compléter les phrases ; il faut prévoir des étiquettes supplémentaires pour respecter une certaine liberté et favoriser l'imagination des enfants.

• But du jeu : compléter une phrase en fonction du verbe déjà indiqué.

• Règle du jeu :

Chaque joueur dispose d'une plaque individuelle. Les étiquettes sont posées à l'envers, les unes à côté des autres.

Chaque joueur, à tour de rôle, retourne une étiquette et nomme le mot inscrit dessus :

– s'il peut utiliser ce mot pour construire sa phrase de façon logique, il pose l'étiquette à l'endroit correspondant ;

– s'il ne peut pas utiliser ce mot, il retourne l'étiquette à l'envers sur la table. Les autres joueurs doivent mémoriser l'emplacement de cette étiquette s'ils en ont besoin pour compléter une de leurs phrases.

Le premier qui a complété sa plaque a gagné.

Exemple de plaque individuelle (situation initiale) :

	monte		.
	vole		.

Des étiquettes :

L'oiseau	dans	le ciel
Papa	sur	l'échelle
l'avion	le sapin	

Situation en cours de jeu :

	monte		l'échelle .
L'oiseau	vole	dans	.

Étiquettes restantes :

sur	Le ciel	Papa

Situation finale :

Papa	monte	sur	l'échelle .
L'oiseau	vole	dans	le ciel .

Le loto des compléments

Construction de phrases

Objectifs :
- Acquérir la notion de complément dans une phrase.
- Initiation à la lecture : lecture de codages, favoriser la mémorisation des mots par imprégnation.
- Sens de la phrase (repérage de gauche à droite).
- Respecter le sens logique de la phrase.
- Déterminer l'emplacement des mots les uns par rapport aux autres.
- Anticiper le sens de la phrase à partir d'indices connus.
- Favoriser l'expression orale.

Organisation : 4 joueurs.

Matériel :
- 4 plaques individuelles différentes sur lesquelles figurent 4 phrases incomplètes où manque le complément ; ces phrases sont divisées en cases où chaque mot est associé à son codage (ou le mot uniquement selon niveau).
- 16 étiquettes avec les compléments (et leurs codages) nécessaires à la construction de chaque phrase.

• Déroulement

• But du jeu : compléter chaque phrase avec le complément qui convient.

• Règle du jeu :

Chaque joueur dispose d'une plaque individuelle. Les étiquettes sont posées à l'envers, en un tas, au milieu de la table.

Chaque joueur, à tour de rôle, retourne une étiquette et lit le complément inscrit dessus :
- si celui-ci convient pour compléter une des phrases de façon logique, il pose l'étiquette à l'emplacement correct, et relit la phrase pour en vérifier le sens ;
- si le complément ne convient pas, il pose l'étiquette à l'endroit devant lui.

Les joueurs ont le choix entre :
- piocher une étiquette, comme cela a été décrit précédemment ;
- demander une étiquette à un camarade, parmi celles non utilisées.

• Remarque : ce jeu respecte une certaine liberté et laisse une grande part à l'imagination de l'enfant. Certaines phrases, même un peu « farfelues », peuvent être acceptées : « La poule chante dans le château ! » ou « Le renard dort sous le lit ! »...

Toutefois, le sens logique de la phrase doit être respecté : on ne pourra pas construire des phrases telles que :

« Le poisson nage dans le ciel ! », etc.

Pour favoriser l'imagination de l'enfant et pour faciliter l'évolution du jeu, il serait judicieux de prévoir quelques étiquettes supplémentaires. L'enfant aura ainsi le choix entre plusieurs combinaisons.

Le premier qui a complété sa plaque a gagné.

Exemple de plaque individuelle (situation initiale) :

La balle	roule	sous	.
Le poisson	nage	dans	.
Le lapin	saute	sur	.
Le renard	va	dans	.

Des étiquettes :

la forêt	l'eau
l'herbe	la table

• Variante : le mémory des compléments

Matériel : – 4 plaques individuelles différentes sur lesquelles figurent 2 phrases incomplètes, divisées en cases. Un seul indice : le complément.
– Des étiquettes avec des mots (et leurs codages) pour compléter les phrases ; il faut prévoir des étiquettes supplémentaires pour respecter une certaine liberté et l'imagination de l'enfant.

• But du jeu : compléter chaque phrase en fonction du complément déjà placé.

• Règle du jeu :

Chaque joueur dispose d'une plaque individuelle. Les étiquettes sont posées à l'envers, les unes à côté des autres.

Chacun, à tour de rôle, retourne une étiquette et nomme ce qui est inscrit dessus :

– s'il peut utiliser ce mot pour construire sa phrase de façon logique, il pose l'étiquette à l'endroit qui convient ;

– s'il ne peut pas utiliser ce mot, il pose l'étiquette à l'envers sur la table. Les autres joueurs doivent mémoriser l'emplacement de cette étiquette s'ils en ont besoin pour compléter une de leurs phrases.

Le premier qui a complété sa plaque a gagné.

Exemple de plaque individuelle (situation en cours de jeu) :

	roule		les rails.
Gugus		dans	le lit.

Des étiquettes :

Le train	sur
	dort

Le loto des phrases (2)

Construction de phrases

Objectifs :
- Lecture de phrases codées.
- Lecture de mots par la voie directe.
- Mémorisation des mots par imprégnation.

Organisation : 4 joueurs.

Matériel :
- 4 plaques individuelles différentes sur lesquelles figurent 2 phrases codées divisées en cases, on aura placé le point final de la phrase sur la dernière case.
- 32 étiquettes (autant de mots que de codes) sur lesquelles sont inscrits les mots correspondant aux codes.
- Un « dictionnaire » (facultatif).

Déroulement

• But du jeu : faire correspondre terme à terme le codage au mot.

• Remarque : ce jeu de mémory sera proposé au cours du 2e ou 3e trimestre, lorsque les enfants auront mémorisé les mots grâce aux jeux précédents. Cet exercice permet à l'enseignant de contrôler les acquis de chacun.

• Règle du jeu :

Chaque joueur dispose d'une plaque individuelle. Les étiquettes sont posées à l'envers, les unes à côté des autres, sur la table.

Chaque joueur, à tour de rôle, retourne une étiquette et lit le mot :

– si le mot correspond à un des codages de sa plaque, il pose l'étiquette à l'emplacement qui convient ;

– si le mot de l'étiquette ne peut pas être utilisé par le joueur, celui-ci remet l'étiquette à sa place, à l'envers. Le joueur qui a besoin de ce mot pour compléter sa plaque doit mémoriser son emplacement.

• Remarques : le « dictionnaire » sera laissé à la disposition des enfants afin qu'ils puissent s'y référer à tout moment, en cas d'hésitation ou pour vérifier leurs hypothèses.

On constate que les enfants habitués à jouer avec ces mots les identifient sans difficulté !

La plupart donnent la réponse immédiate, d'autres tournent spontanément les étiquettes pour remettre le mot à l'endroit ! Certains les identifient même à l'envers.

Les échanges verbaux et l'entraide permettent aux enfants de réaliser ce jeu sans difficulté.

Exemple de plaque individuelle (situation en cours de jeu) :

			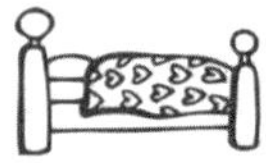
	dort		.
		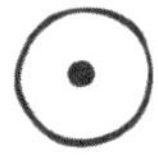	
Gugus		dans	la forêt .

Des étiquettes :

Lili	va	le lit	dans

Le mémory des phrases

Construction de phrases

Objectifs :
- Relation image/texte : construire une phrase pour traduire une image.
- Construire une phrase (sujet – verbe – complément).
- Respecter le sens de la phrase : de gauche à droite.
- Anticiper l'emplacement des mots les uns par rapport aux autres.

Organisation : 4 joueurs.

Matériel :
- 4 bandes en carton de 5 cases, avec, dans la première case, une image illustrant la phrase à construire.
- 16 étiquettes avec les mots (ou les mots associés aux codages) pour la construction des 4 phrases.

• Déroulement

• But du jeu : reconstituer une phrase correspondant à l'illustration.

• Règle du jeu :

Chaque joueur dispose d'une bande cartonnée individuelle. Il dit oralement la phrase suggérée par le dessin.

Les étiquettes, mélangées, sont posées à l'envers.

Chaque joueur, à tour de rôle, retourne une étiquette et lit le mot ;

– si ce mot permet de construire sa phrase, il anticipe son emplacement dans la phrase et pose l'étiquette dans la case qui convient ;

– s'il ne peut pas utiliser ce mot pour construire sa phrase, il remet cette étiquette à son emplacement à l'envers sur le quadrillage.

Les autres joueurs doivent mémoriser l'emplacement pour avoir plus de chances de gagner.

Le premier qui a reconstitué sa phrase a gagné.

Des bandes cartonnées :

				.

				.

				.

				.

Des étiquettes (niveau 1, avec les codages) :

Des étiquettes (niveau 2, sans les codages) :

Le lapin	va	dans	la forêt	La voiture	roule	sur	la route
L'oiseau	vole	dans	le ciel	Le poisson	nage	dans	l'eau

Situation en cours de jeu :

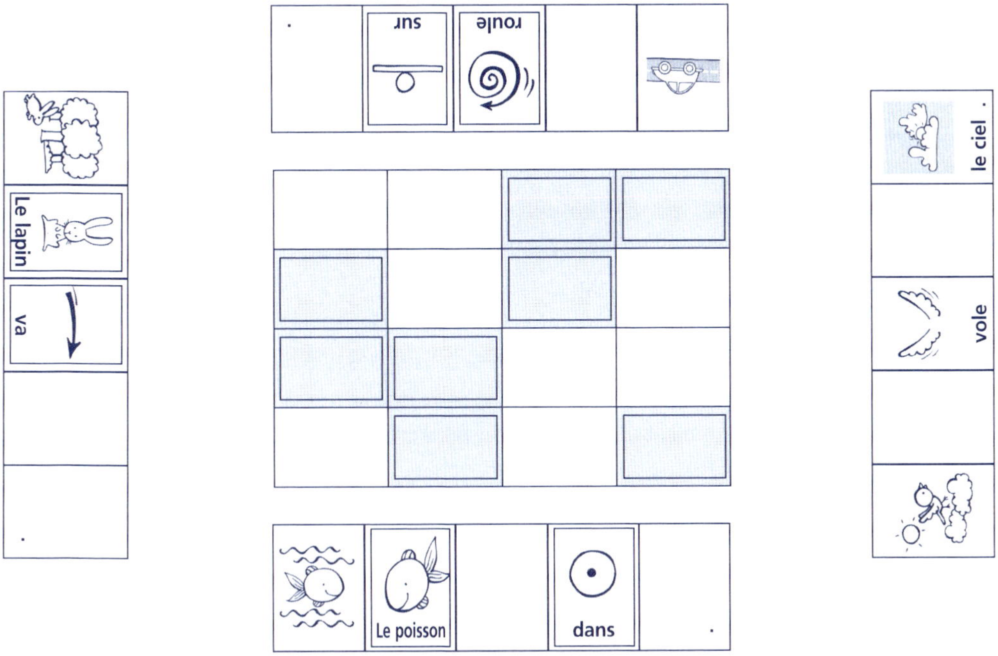

Le loto des dessins

Construction de phrases

Objectifs :
- Établir une relation texte-image.
- Lire des phrases composées de mots connus.
- Contrôler les acquis : lecture de mots par voie directe.
- Favoriser l'expression orale.

Organisation : 4 joueurs.

Matériel :
- 4 plaques individuelles différentes sur lesquelles figurent 4 phrases composées de mots connus des enfants.
- 16 étiquettes sur lesquelles sont représentés des dessins illustrant les phrases.
- Un « dictionnaire » (facultatif).

● Déroulement

• But du jeu : faire correspondre à chaque phrase le dessin qui l'illustre.

• Remarque : il est conseillé de présenter ce jeu aux enfants vers la fin du 2e ou du 3e trimestre, lorsque leur « capital-mots » aura été acquis grâce aux jeux précédents.

• Règle du jeu :

Chaque joueur dispose d'une plaque individuelle. Les étiquettes sont disposées à l'envers, en un tas, au milieu de la table.

Chaque joueur, à tour de rôle, retourne une étiquette :

– si le dessin illustre une des phrases de sa plaque, il place l'étiquette à l'endroit correspondant ;

– si la situation représentée par le dessin ne correspond pas au sens d'une des phrases, il place l'étiquette devant lui, à l'endroit.

Les joueurs ont le choix entre :

– piocher une étiquette, comme cela a été décrit précédemment ;

– demander à un camarade un des dessins non utilisés posés à l'endroit devant lui.

• Remarques : le « dictionnaire » sera laissé à la disposition des enfants afin qu'ils puissent s'y référer à tout moment, en cas d'hésitation ou pour vérifier leurs hypothèses. Une variante peut être proposée sous forme d'un mémory : lorsqu'une étiquette piochée ne peut pas servir à un joueur, celui-ci la replace à l'envers sur la table. Le joueur qui a besoin de ce dessin doit mémoriser son emplacement.

Exemple de plaque individuelle (situation initiale) :

Bouboule mange la souris.	
Maman va dans la forêt.	
Titi vole dans le ciel.	
Gugus dort dans le lit.	

Des étiquettes :

● Variante

Objectifs :
- Établir une relation texte-image.
- Traduire une illustration par une phrase.
- Notion de phrase : sujet, verbe, complément.
- Respect du sens de lecture et du sens logique de la phrase.
- Prévoir l'emplacement des mots les uns par rapport aux autres dans la phrase.

Matériel :
- 4 plaques individuelles différentes, dont chacune propose deux phrases illustrées par une image suivie de 4 cases ;
- 32 étiquettes-mots nécessaires à la construction des phrases correspondant aux illustrations.

• But du jeu : reconstituer les phrases illustrant chaque dessin.

• Règle du jeu :

Chaque joueur dispose d'une plaque individuelle. Les étiquettes sont placées à l'envers, en tas, au milieu de la table. Chaque joueur, à tour de rôle, retourne une étiquette :

– s'il peut l'utiliser pour construire sa phrase, il pose l'étiquette sur sa plaque en repérant la case qui convient pour ce mot ;

– s'il ne peut utiliser ce mot, il pose cette étiquette à l'endroit devant lui ; celle-ci pourra lui être demandée par un autre joueur.

• Remarque : dans ce jeu, les enfants doivent prévoir l'emplacement des mots les uns par rapport aux autres.

Exemple de plaque individuelle (situation en cours de jeu) :

Des étiquettes :

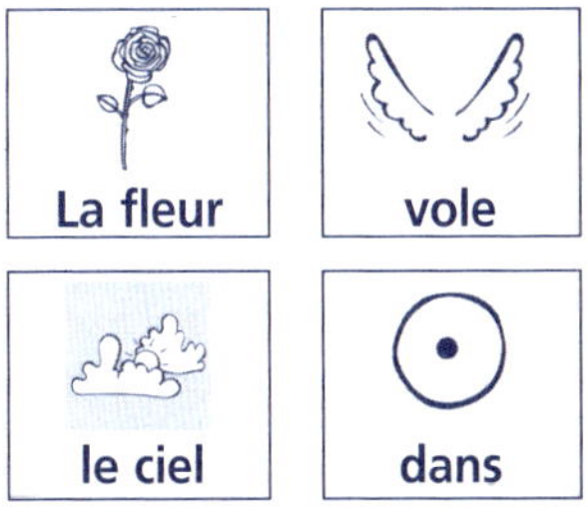

Quelle est cette phrase ?

Construction de phrases

Objectifs:
- Favoriser l'acquisition de la notion de phrase.
- Appréhender le sens logique de la phrase.
- Appréhender le sens de la phrase dans l'espace : de gauche à droite.
- Appréhender la structure : sujet-verbe-complément.
- Développer l'esprit logique et le pouvoir de déduction.
- Mémoriser les mots par imprégnation.
- Reconnaître les mots par la voie directe.
- Développer le pouvoir d'anticipation : compléter une phrase en fonction des mots déjà placés ; apprendre à anticiper le sens de la phrase à partir d'indices connus.

Organisation: 3 à 8 joueurs.

Matériel:
- 20 ou 30 bandes sur lesquelles sont écrites, à l'aide de mots associés aux codages, des phrases sélectionnées. Ces phrases sont composées de mots connus des enfants (et/ou de mots figurant dans le « dictionnaire »).
- 2 bandes vierges : l'une comportant 3 cases, l'autre 4. Ces cases correspondent au découpage de la phrase en 3 ou 4 parties.
- 30 ou 40 étiquettes sur lesquelles sont représentés, selon le niveau des enfants, soit des mots associés aux codages, soit uniquement des mots (mots correspondant aux phrases écrites sur les bandes).

• Déroulement

• But du jeu : deviner la phrase choisie par l'animateur.

• Règle du jeu :

L'animateur choisit une phrase à l'insu des joueurs et la dissimule en retournant la bande contre sa poitrine. Il place ensuite une grille de 3 ou 4 cases vides devant les joueurs, selon le découpage de la phrase sélectionnée. Les étiquettes avec les mots sont placées à l'endroit sur la table.

Chaque joueur, à tour de rôle, pioche une étiquette :

– si le mot choisi est dans la phrase, l'animateur pose l'étiquette à l'emplacement correspondant sur sa bande ; l'enfant peut rejouer ;

– si le mot choisi n'est pas dans la phrase, l'animateur retourne l'étiquette à l'envers ; le joueur a perdu et passe son tour.

• Remarque : mémorisation des mots

Ce jeu peut être effectué par des enfants de niveaux différents : en effet, l'association du codage au mot permet de réaliser le jeu sans difficulté (même si les enfants n'ont pas encore mémorisé les mots). Le « dictionnaire » peut être laissé à la disposition de chaque joueur, si l'on n'utilise que des mots.

Chaque enfant peut lire les mots qu'il connaît selon ses possibilités.

On s'aperçoit d'ailleurs que, par l'intermédiaire de ce jeu, les enfants mémoriseront très vite les mots et les reconnaîtront globalement.

À partir du deuxième trimestre, les enfants abandonnent d'eux-mêmes les codages et jouent en n'utilisant plus que des mots.

• Remarque : anticipation du sens

Au début les enfants agissent de manière impulsive, sans tenir compte de la relation des mots entre eux, ni de ceux déjà posés sur la grille. Puis ils comprennent très vite la nécessité d'anticiper leurs choix : ils tiennent compte du sens du mot, du sens possible de la phrase, de l'emplacement des mots (sujet, verbe ou complément), de leur nombre. Par exemple, les solutions varient selon que le mot « oiseau » représente le sujet ou le complément (respectivement début ou fin de la phrase) : « L'oiseau vole dans le ciel. » ou « Le chat mange l'oiseau. ».

Ce jeu développe l'esprit logique et le pouvoir de déduction.

Exemple de stratégie :

L'animateur choisit la phrase :

L'oiseau	**vole**	**dans**	**le ciel .**

Puis il cache la bande et place une bande vierge de 4 cases devant les joueurs :

			.

Le premier joueur choisit le mot « maman » et demande :
– Est-ce qu'il y a le mot « maman » dans la phrase ?
L'animateur répond :
– Non, la phrase ne contient pas le mot « Maman » !
Le joueur retourne alors l'étiquette « maman » à l'envers.
Le deuxième joueur choisit le mot « vole » et demande :
– Est-ce qu'il y a le mot « vole » dans la phrase ?
L'animateur répond : « Oui ! »
Il place alors le mot « vole » dans la deuxième case de la bande :

	vole		.

Le joueur suivant :
Admettons qu'il choisisse alors le mot « chat » ; c'est un mauvais choix car le chat ne peut pas voler : l'enfant ne tient pas compte du mot déjà placé sur la bande.

Le troisième joueur choisit le mot « mange » ; c'est un mauvais choix car il ne peut y avoir deux verbes (ou actions) dans une phrase simple !
Le quatrième joueur choisit, par exemple, le mot « oiseau » ou « avion ».
C'est un bon choix car il tient compte de l'étiquette « vole », déjà placée sur la bande. L'animateur place le mot dans la case qui convient.
• Remarque : il vaut mieux ne pas laisser rejouer le joueur qui a trouvé un mot, surtout s'il y a huit joueurs, afin que tous puissent choisir un mot avant de deviner la phrase ; celui qui a le dernier mot peut devenir l'animateur.

L'oiseau	**vole**		.

L'enfant peut se poser la question suivante :
– Où vole l'oiseau ?
Plusieurs possibilités existent, les enfants émettent des hypothèses :
– Sur l'arbre !
– Dans le ciel !
– Dans le nid ! etc.

Bandes avec les cases :

		.

			.

Des étiquettes :

 Maman	 Le lapin	 mange

etc.

Des étiquettes avec des mots uniquement :

Maman	**va**	**la maison**

etc.

Exemples de bandes portant des phrases :

 Maman	 mange	 la pomme.

 Le lapin	 va	 dans	 la forêt.

 Maman	**est** est	 dans	 la maison.

Les phrases magiques

Reconstitution de phrases

Objectifs :
- Développer le pouvoir d'anticipation et de déduction.
- Construire des phrases : sens de la lecture (repérage de gauche à droite), situer l'emplacement des mots dans la phrase.
- Développer l'esprit logique : trouver la relation entre les mots et le sens de la phrase à composer.
- Développer l'imagination.
- Lecture de codages et de mots.
- Identification des mots par la voie directe.

Organisation : 3 à 8 joueurs.

Matériel :
- 1 plan de jeu découpé en autant de lignes que de phrases à construire. Sur chaque ligne sont dessinés des rectangles correspondant aux mots à placer.
- Les étiquettes nécessaires à la construction des phrases avec les mots associés aux codages ou avec les mots uniquement.

Déroulement

• But du jeu : reconstituer des phrases correctes et sensées.

• Règle du jeu : Le plan de jeu, dont toutes les cases sont vierges*, est disposé au milieu de la table ; les étiquettes sont mélangées en tas et posées à l'envers. Selon la période de l'année ou le niveau des enfants, on utilisera soit les étiquettes-codages, soit les étiquettes mots + codages, soit les étiquettes-mots.

Chaque joueur, à tour de rôle, retourne une étiquette. L'enfant lit le mot et doit imaginer une phrase simple contenant ce mot. Pour cela, il doit anticiper l'emplacement de l'étiquette selon qu'elle représente le sujet, le verbe, la préposition ou le complément. Ensuite il place l'étiquette sur la case adéquate.

Au cours du jeu, les joueurs peuvent choisir de compléter une phrase ou d'en entamer une autre. Ils peuvent par ailleurs intervertir deux étiquettes pour respecter le sens logique de chaque phrase, suggéré par le choix des codages ou des mots.

• Remarques : les phrases à construire ne sont pas imposées aux enfants, chacun construit une phrase qu'il imagine en fonction des mots qu'il ramasse ; il faut sélectionner des mots permettant de construire des phrases simples et pouvant se combiner de différentes manières.

Pour laisser libre cours à l'imagination de l'enfant, il faut prévoir plus d'étiquettes que de cases sur le plan de jeu ; par exemple pour 15 cases, prévoir environ 30 mots.

Exemples de phrases imaginées par les enfants :

La tortue mange la salade. La fleur est dans le vase. Gugus dort dans le lit.

---

* Sauf la dernière qui présente le point final de la phrase.

Le lapin va dans la forêt.
La voiture roule sur la route.
Le chat mange la souris.

Maman est dans la maison.
Le train roule sur les rails.

L'oiseau vole dans le ciel.
Le poisson nage dans l'eau.

Des étiquettes :

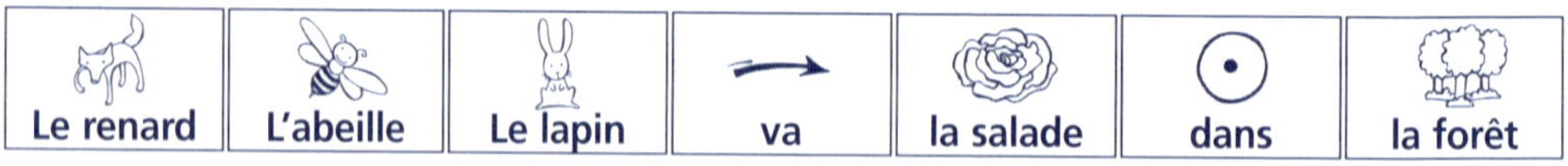

Plan de jeu (situation initiale) :

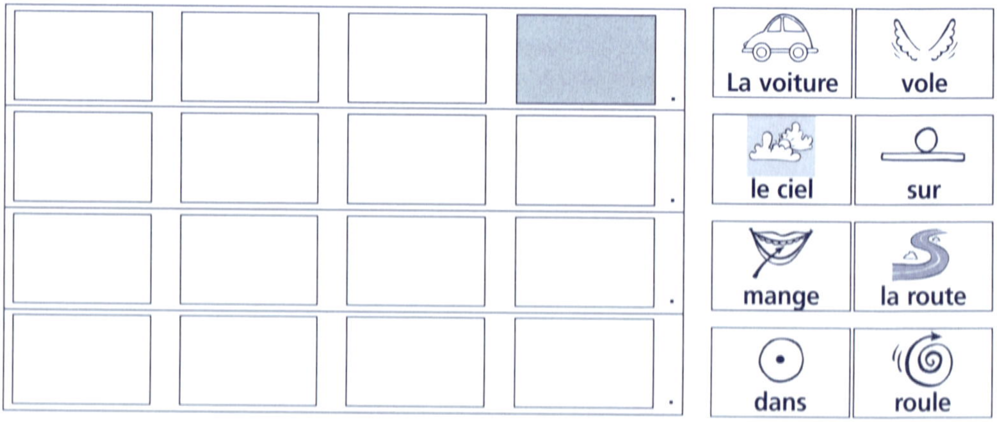

Plan de jeu (situation en cours de jeu) :

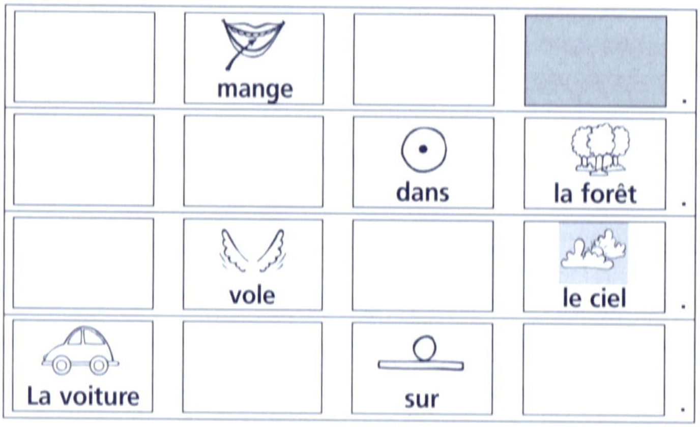

Étiquettes restantes :

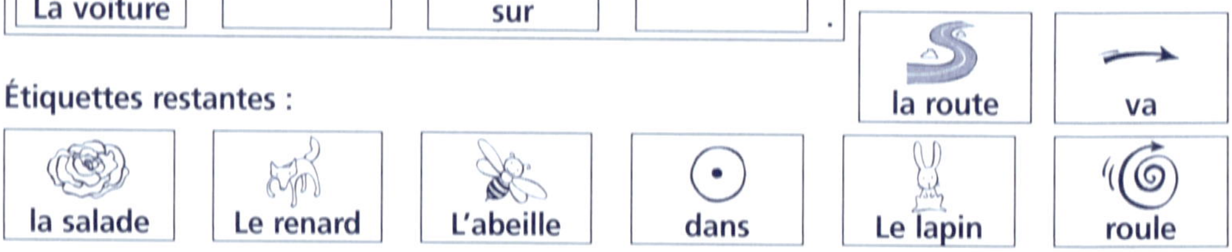

La minuterie

Construction de phrases

Objectifs :
- Construire des phrases.
- Combiner des mots pour traduire un sens.
- Écrire.
- Stimuler la rapidité des réflexes et l'esprit de compétition.

Organisation : 4 à 8 joueurs.

Matériel :
- Un « dictionnaire » pour chaque joueur.
- Un tableau Véléda et un stylo pour chaque joueur.
- Une minuterie.

Déroulement

• But du jeu : inventer le plus de phrases possible en utilisant les mots du « dictionnaire » pendant un temps déterminé par la minuterie.

• Règle du jeu :

Chaque joueur a son « dictionnaire », un tableau blanc effaçable et un stylo.

L'enseignant détermine la durée du jeu en réglant la minuterie (par exemple : 5 minutes).

Il indique le moment du départ.

Chaque joueur doit « inventer » le plus de phrases possible durant ce temps, en utilisant les mots du « dictionnaire ».

Le sens logique de la phrase doit être respecté.

1er exercice : Les enfants traduisent les phrases inventées en ne reproduisant que les symboles.

2e exercice : Les enfants ne recopient que les mots.

Remarque : on s'aperçoit que les enfants n'ont aucune difficulté à relire ce qu'ils ont écrit : pourtant ils n'ont plus le support du codage ! La reproduction écrite accélère encore la mise en mémoire ; en jouant avec les mots, les enfants les mémorisent très rapidement et les reconnaissent globalement.

C'est également un excellent exercice d'écriture.

• Remarque : les enfants aiment beaucoup ce jeu, qui stimule leur esprit de compétition ; la minuterie représente une motivation supplémentaire. À la fin du jeu, chacun compte le nombre de phrases qu'il a écrites sur son tableau. On relit les phrases qu'on a imaginées. C'est celui qui a construit le plus de phrases correctes à la fin du jeu qui a gagné !

La phrase inconnue

Construction de phrases

Objectifs :
- Développer un comportement de lecteur chez l'enfant, en rendant nécessaire la prise d'indices : nombre de lettres dans le mot, emplacement des lettres, emplacement des mots les uns par rapport aux autres dans la phrase.
- Développer l'anticipation et la déduction.
- Anticiper des mots, le sens de la phrase, la phrase elle-même, à partir de quelques indices.
- Favoriser l'observation.
- Émettre des hypothèses, puis les vérifier et les rectifier.
- Identifier et nommer des mots et des lettres.

Organisation : 4 à 8 joueurs.

Matériel :
- 1 plan de jeu formé d'une bande quadrillée à 4 lignes :
  • celle du haut, un peu plus large que les autres, servira à disposer des lettres retournées formant des mots, puis une phrase ;
  • les trois autres serviront de pistes aux joueurs pour avancer leurs jetons.
- 3 jetons.
- Un dé des constellations de 1 à 3.
- Un « dictionnaire » (facultatif).

● Déroulement

• But du jeu : deviner la phrase inconnue en anticipant les mots, les lettres, le sens de la phrase.

• Règle du jeu :

L'enseignant forme une phrase à l'insu des enfants sur le plan de jeu en disposant des lettres, à l'envers, sur la bande du haut ; il est important d'utiliser des mots que les enfants connaissent déjà bien. Les espaces entre les mots sont figurés par une case vide.

Chaque joueur s'est vu attribuer une piste sur le plan de jeu et un jeton.

Chacun lance le dé à tour de rôle et fait avancer son jeton du nombre de cases indiqué par le dé. Il retourne la lettre sous laquelle il a posé son pion.

Au fur et à mesure de l'avancement du jeu, le nombre de lettres retournées augmente, puis le nombre de mots découverts : les indices permettant de « deviner » la phrase cachée se multiplient.

• Remarques : en jouant à 2 seulement, le nombre de lettres retournées à la fin du jeu sera moins important, et le jeu sera plus difficile car les enfants disposeront de moins d'indices.

Une autre façon d'accroître la difficulté sans réduire le nombre de joueurs est d'utiliser un dé à plus de trois constellations (par exemple un dé classique de 1 à 6).

Ce jeu plaît beaucoup aux enfants, qui aiment les devinettes. Ils émettent de nombreuses hypothèses fort pertinentes, et sont très fiers de leurs performances. On insistera sur la nécessité de s'appuyer sur les lettres et leur correspondance phonologique pour ne pas deviner « à vide » ou être dans une approximation de sens.

Trois jetons :  **Un dé :** 

Un plan de jeu avec lettres retournées à l'envers formant une phrase :

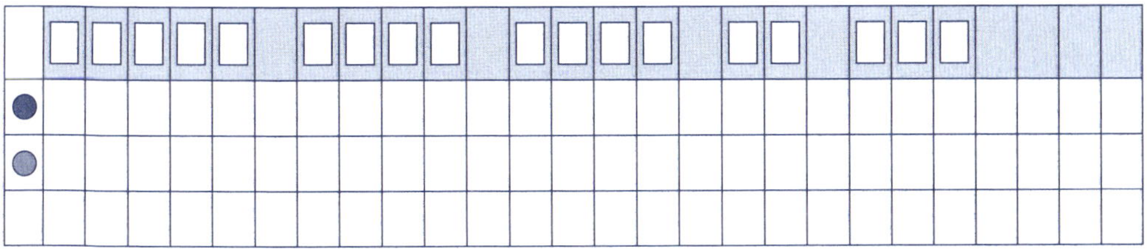

• Démarches et progression observées

Début du jeu : aucune lettre apparente

La configuration du plan de jeu est celle présentée ci-dessus.

Dès le début, alors que toutes les lettres sont encore retournées, certains enfants émettent déjà des hypothèses sur le sens de la phrase inconnue.

Ils se réfèrent en effet au nombre de lettres qu'ils ont repérées dans les mots, à l'espace laissé entre eux, à leur emplacement dans la phrase et enfin au sens logique possible de celle-ci.

Voici des exemples de propos recueillis au cours d'une expérience en classe :

– Ça pourrait être « maman », parce qu'il y a 5 lettres.

– Ça pourrait être « va », parce qu'il y a 2 lettres.

– ... Ou bien « le »... Ou bien « la ».

– Si c'est « le », alors ça pourrait être « le lit », dit un autre enfant en considérant le mot de 3 lettres qui suit le mot de deux lettres.

Certains enfants se mettent à épeler les lettres constituant le mot caché :

– Là il y a le « m », là le « a », là le « m », là le « a »....

Ces expressions orales révèlent par quels indices les enfants identifient des mots : Violaine sait que le mot « maman » se compose de 5 lettres et connaît une partie de son orthographe.

On remarque que très souvent les enfants savent épeler le début du mot et trébuchent sur les dernières lettres.

Stade 1 : 1 lettre retournée

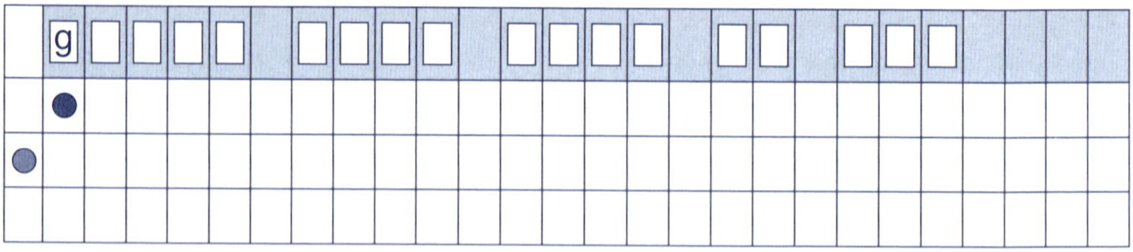

Tous les enfants affirment :

– C'est Gugus !

En effet, ils ne connaissent qu'un mot de 5 lettres commençant par « g » : « Gugus ».

Stade 2 : 2 lettres retournées

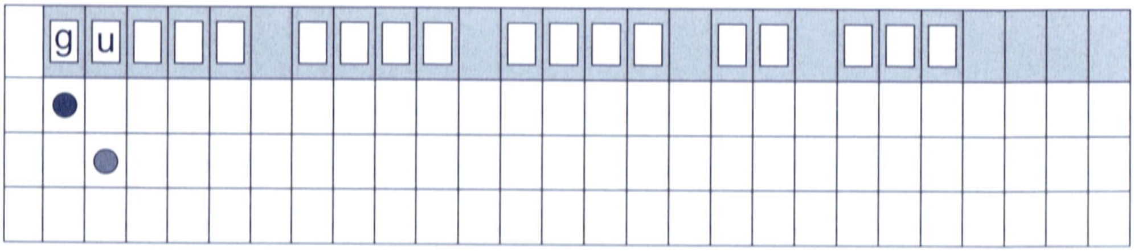

Ce deuxième indice, le « u », confirme leur hypothèse.

À ce stade, on peut demander aux enfants de nommer la lettre avant de la retourner. Les enfants qui ont bien « photographié » les mots sont capables de prévoir l'emplacement des lettres.

Stade 3 : stade intermédiaire

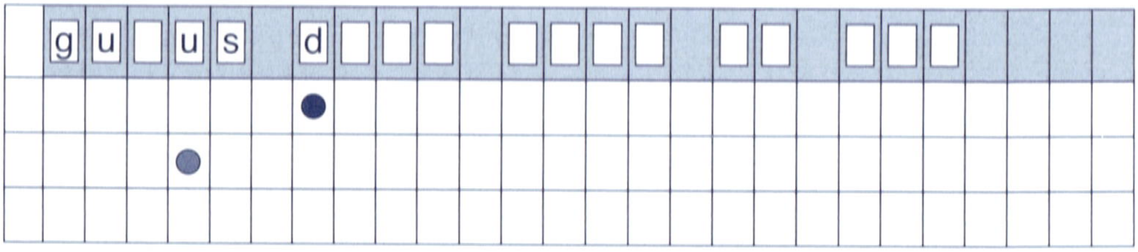

Les enfants s'exclament :

– C'est « dans »… ; c'est « dort »…

Les avis sont partagés.

Stade 4 : stade intermédiaire

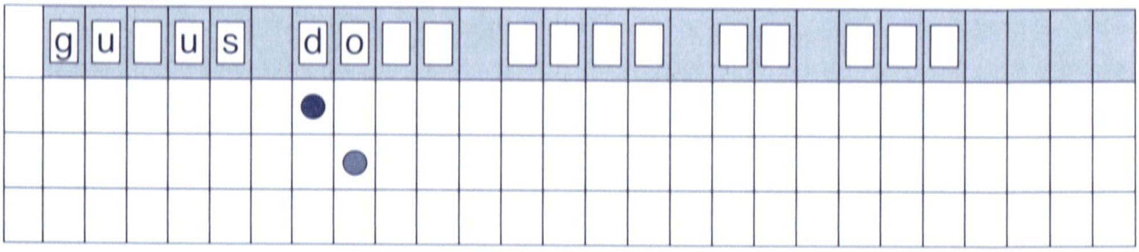

Avant de retourner cette lettre, Nicolas propose un « a » en pensant au mot « dans » ! Il s'aperçoit que c'est un « o ».

Tous les enfants s'exclament :

– C'est « dort » !... et le mot suivant c'est « dans » !

Certains même anticipent toute la phrase :

– C'est « Gugus dort dans le lit » !

Ils ont anticipé la suite logique de la phrase, le sens de la phrase.

Stade 5 : situation en fin de jeu

	g	u	□	u	s		d	o	□	t		d	□	n	s		□	e		l	□	t				
																						●				
																							●			

À la fin du jeu, les enfants confirment :

– C'est « Gugus dort dans le lit. »

On retourne les dernières lettres pour vérifier cette hypothèse ; les enfants peuvent deviner la nature de chaque lettre en la nommant avant de la mettre à l'endroit.

• Remarques : même si les enfants ont formulé des hypothèses justes sur la phrase inconnue et ont deviné cette phrase dès le début du jeu, celui-ci ne perd pas de son intérêt : en effet, il s'agit maintenant de vérifier les hypothèses et d'anticiper l'emplacement des lettres dans les mots. L'enfant devine de quelle lettre il s'agit avant de la retourner !

Cet exercice permet de vérifier s'il a une bonne image mentale du mot et s'il en connaît l'orthographe.

• Conclusion : ce jeu donne aux enfants les moyens de repérer les indices essentiels pour reconnaître un mot sans connaître le mécanisme de la lecture. Il est évidemment nécessaire que l'enfant ait déjà une bonne image mentale du mot avant de procéder à sa décomposition.

Les jeux précédents ont favorisé une observation approfondie : longueur des mots, nombre de lettres, emplacement des lettres les unes par rapport aux autres... et on s'aperçoit que les enfants savent prévoir les lettres dans les mots.

Évidemment, il y a encore quelques erreurs : quelquefois on inverse les lettres, on ne connaît pas toujours la fin du mot... Mais l'objectif de ce jeu est de préciser l'orthographe de ces mots par la vérification et la rectification, et d'approfondir ainsi l'analyse.

Il est important de laisser à la disposition des enfants le « dictionnaire », qui permet de vérifier ces hypothèses. En cas d'hésitation ou de difficulté, l'enfant doit pouvoir s'y référer à tout moment.

Le méli-mélo

Reconstitution de phrases

Objectifs :
- Développer le pouvoir d'observation, d'anticipation et de déduction ;
- Analyser la composition des mots ;
- Identifier et nommer les lettres ;
- Repérer l'emplacement des mots dans la phrase ;
- Repérer l'emplacement des lettres dans les mots.

Organisation : 2 à 6 joueurs.

Matériel :
- Un plan de jeu : une bande divisée en une trentaine de carreaux, destinés à recevoir des lettres mobiles qui formeront une phrase.
- Des lettres mobiles destinées à reconstituer les phrases choisies par le maître.
- Des carrés noirs de la dimension d'un carreau du plan de jeu (ici, 7 carrés).
- Le « dictionnaire » (facultatif).

• Déroulement

• But du jeu : reconstituer la phrase en repérant l'emplacement des mots dans la phrase, l'emplacement des lettres dans les mots et en plaçant les lettres aux bons endroits.

• Règle du jeu :

Le plan de jeu est disposé sur la table face aux joueurs. Les lettres sont retournées et réparties sur la table.

L'enseignant choisit et énonce oralement une phrase, composée de mots bien connus des enfants (dans le cas présent, « maman mange la pomme »).

Ensuite, il place sur la bande des étiquettes noires aux emplacements correspondant aux espaces entre les mots.

Puis, il sélectionne les lettres nécessaires à la reconstitution de la phrase, qu'il retourne et pose sur la table. Il peut y ajouter quelques intrus (pas plus de 10).

Pour effectuer correctement ce jeu, il est nécessaire que les joueurs repèrent l'emplacement des mots dans la phrase dès le début du jeu (l'enseignant peut s'en assurer en posant des questions : « Où est "maman" ? » ; « Où est "pomme" ? »).

Chaque joueur, à tour de rôle, retourne une lettre : il la nomme, doit repérer son emplacement dans l'un des mots de la phrase et la placer dans la case correspondante du plan de jeu.

Exemple :

Un premier joueur retourne la lettre « a » : il peut retrouver l'emplacement de cette lettre dans les mots « maman », « la » ou « mange » et placer la lettre dans la case de son choix, par exemple :

	a				■						■			■						■	■	■	■

Supposons que le joueur suivant retourne la lettre « g » : il ne peut retrouver l'emplacement de cette lettre que dans le mot « mange » :

	a				■				g		■			■						■	■	■	■

Le joueur suivant retourne la lettre « m » : il doit repérer l'emplacement de cette lettre sur la grille, dans les mots « maman », « mange » ou « pomme », et placer la lettre à l'un de ces trois emplacements :

m	a				■				g		■			■						■	■	■	■

Au tour suivant, le joueur retourne la lettre « t » : la lettre « t » est un « intrus », le joueur ne peut pas la placer sur le quadrillage, elle ne figure pas dans les mots de la phrase. Il passe son tour.
Au fur et à mesure que le nombre de lettres sur la grille augmente, le repérage des lettres manquantes sera facilité : les lettres déjà placées servent également d'indices de repérage. Les enfants peuvent se servir du « dictionnaire » pour identifier les lettres dans les mots et repérer leurs emplacements.

Exemple d'une phrase choisie par l'enseignant :

maman mange la pomme

Un plan de jeu avec les espaces entre les mots repérés par des carrés noirs :

					■						■			■						■	■	■	■

Des lettres mobiles : 17 pour composer la phrase et 5 intrus :

m	s	e	e	a	n	a	n	l	i	o
p	m	r	a	m	g	v	m	u	m	a

Situation vers la fin du jeu :

m	a			n	■			n	g	e	■	l		■	p		m		e	■	■	■	■

Situation finale :

m	a	m	a	n	■	m	a	n	g	e	■	l	a	■	p	o	m	m	e	■	■	■	■

La roue des expressions

Reconstitution de phrases

Objectifs:
- Faire parler les enfants, stimuler le langage.
- Développer leur imagination.
- Favoriser l'entraide.
- Favoriser l'acquisition de vocabulaire et apprendre des expressions en s'amusant.

Organisation: 2 à 6 joueurs.

Matériel:
- 1 plan de jeu représentant un circuit du type « jeu de l'oie » ; dans chacune des cases est figuré un élément (animal, objet, couleur) contenu dans une expression courante.
- Un dé des constellations de 1 à 3.
- Autant de pions que de joueurs (2 à 6).

• Déroulement

• But du jeu : deviner et nommer l'expression qui correspond à chaque animal représenté sur le circuit.

• Règle du jeu : Le plan de jeu est disposé au centre de la table.

Chaque enfant à tour de rôle lance le dé. Il fait avancer son pion du nombre de cases correspondant aux points du dé.

Il doit alors trouver l'expression que suggère l'image sur laquelle il a posé son pion.

Ces expressions commencent presque toutes par un adjectif, qui illustre le caractère de chaque animal ou la dominante de chaque chose.

La structure de l'expression est toujours la même :

noir comme le charbon / gai comme un pinson / rouge comme une tomate / sage comme une image / propre comme un sou neuf / il pleure comme un crocodile / sale comme un cochon / léger comme une plume / rusé comme le renard / fier comme un coq / petit comme une fourmi / bavarde comme une pie / têtu comme un âne / peureux comme un lapin / lent comme un escargot / tremblant comme une feuille / fort comme un lion / il marche comme un canard / doux comme un agneau / agile comme un singe / myope comme une taupe / heureux comme un poisson dans l'eau / rapide comme l'éclair / blanc comme la neige...

Ce jeu doit être précédé d'un ou plusieurs exercices collectifs (voir les exercices d'acquisition présentés ci-après), grâce auxquels les enfants découvriront peu à peu ces différentes expressions.

• Remarques : ces jeux plaisent beaucoup aux enfants. Ils connaissent la caractéristique particulière de chaque animal ou de chaque chose.

Le support du plan de jeu favorisera une compréhension et une mémorisation très rapides de ces expressions très suggestives.

Par la suite, les enfants prennent plaisir à utiliser ces expressions de manière correcte, à maintes reprises, dans le langage de tous les jours.

Un dé :

Des pions :

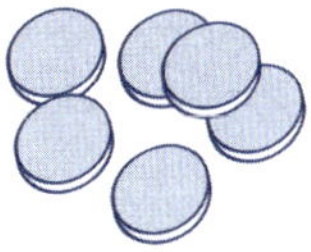

Un plan de jeu :

• Exercices d'acquisition

On peut trouver des expressions à partir des thèmes du moment ; par exemple la lecture du conte « Roule galette » (*Les albums du père Castor*, Flammarion) révèle que le renard est rusé, malin…

Ce plan de jeu peut servir de support pour une leçon de langage pour découvrir et mémoriser ces différentes expressions.

1er exemple : Faire rechercher par les enfants les adjectifs qui caractérisent certains animaux, et les expressions qui en découlent, par exemple :

« Comment avance l'escargot ?

– Il avance lentement... il est lent... ; lent comme un escargot !

– Que fait le singe sur les arbres ?

– Il sait sauter d'une branche à l'autre, il est adroit... il est agile... agile comme un singe !

– Comment est la laine du petit agneau ?

– Douce..., doux comme un agneau !

– Qu'aiment faire les cochons ?

– Se rouler dans la boue !

– Comment sont-ils ?... sales !... sale comme un cochon ! »

2e exemple, les devinettes : L'enseignant raconte une histoire courte (une ou deux phrases). Les enfants doivent trouver l'adjectif qui convient :

« Tous les enfants ont fini leur exercice, sauf Guillaume ! Que dit la maîtresse ?

– Tu es lent comme un escargot.

Maud a un gros chagrin, de grosses larmes coulent sur ses joues...

– Elle pleure comme un crocodile !

Carole a une jolie robe, elle la montre à tout le monde ! Comment est-elle ?

– Fière comme un coq !

Mathieu a réussi à soulever la grosse citrouille, comment est-il ?

– Fort comme un lion !

Arnaud a sauté dans les flaques ! Il est plein de boue !...

– Il est sale comme un cochon !

En salle de jeux, nous avons fait une course. Laurent a gagné !

– Il est rapide comme l'éclair ! »

3e exemple : L'enseignant donne un adjectif. Les enfants doivent inventer une histoire illustrant ce trait de caractère.

L'enseignant : « Têtu comme un âne ! »

L'enfant : « Maman a dit à mon petit frère de manger sa soupe, il ne voulait pas... il est têtu comme un âne ! »

Exercice de contrôle

Le plan de jeu est disposé au centre de la table. L'enseignant, sans autre indication, cite un adjectif : l'enfant doit montrer sur le plan de jeu l'animal concerné, en formulant l'expression, par exemple : « Agile comme un singe », « Petit comme une fourmi », etc.

Variantes

En adaptant le plan de jeu, on peut proposer aux enfants plusieurs variantes de ce jeu, avec pour thèmes, par exemple : *la maison des animaux, le cri des animaux*, etc.

• Règle du jeu (pour 3 ou 4 joueurs) :

Le plan de jeu est disposé au centre de la table ; chaque joueur possède un pion et lance le dé pour avancer sur le circuit. À tour de rôle, chacun fait avancer son pion du nombre de cases équivalant aux points indiqués par le dé.

Lorsque l'enfant a posé son pion sur le dessin d'un animal, il doit trouver quelle est l'habitation de cet animal. Il doit savoir l'exprimer oralement à travers une phrase simple, dont la structure a été fixée au début du jeu. Exemple : « Le renard vit dans le terrier. »

Si le joueur réussit, il peut recommencer.

Le premier qui arrive au bout du circuit a gagné.

Le jeu peut être repris en changeant la structure de la phrase de base, pour montrer à l'enfant qu'une même chose peut être dite de différentes façons, par exemple :

« Le chien habite dans la niche. »

« La maison du chien s'appelle la niche. »

« La niche est la maison du chien. »

« Le chien dort dans la niche. »

etc.

Exemples :

La maison des animaux

L'abeille vit dans la ruche.
Le renard vit dans un terrier.
La vache vit dans une étable.
Le ver vit dans la terre.
Le poisson vit dans l'eau.
Le cheval vit dans l'écurie.
Le lapin vit dans un clapier.
Le chien vit dans la niche.
Le canard vit dans la mare.
La sauterelle vit dans les prés.
Le chameau vit dans le désert.
L'ours vit dans la caverne.
Le mouton vit dans la bergerie.
La poule vit dans le poulailler.
L'aigle vit sur la montagne.
L'oiseau vit dans un nid.
Le singe vit dans un arbre.
L'escargot vit dans sa coquille.
Le cochon vit dans la porcherie.

Le cri des animaux

Le renard glapit.
Le cheval hennit.
Le chat miaule.
Le chien aboie.
La vache beugle.
La grenouille coasse.
La pie jacasse.
L'oiseau chante.
Le perroquet parle.
Le lion rugit.
Le serpent siffle.
Le mouton bêle.
Le loup hurle.
Le hibou hulule.
Le pigeon roucoule.
La poule caquette.
Le crocodile pleure.

Conclusion

Les nombreux jeux proposés dans cet ouvrage auront permis aux enfants :
- de découvrir les réalités sonores du langage et le principe alphabétique ;
- de se familiariser avec un certains nombre de « mots-outils » ;
- d'identifier de nombreux phonèmes et les graphèmes qui les représentent ;
- de commencer à maîtriser le déchiffrage partiel (identification de syllabes simples).

Conformément aux Instructions officielles, cet ouvrage a cherché à illustrer de manière ludique le principe selon lequel apprendre à lire, c'est :
- prendre conscience des réalités sonores de la langue, découvrir et s'approprier le principe alphabétique en s'appuyant, notamment, sur la syllabe orale et écrite ;
- comprendre le sens de l'écrit.

Plus tard, les activités d'identification ou de compréhension de textes de la littérature jeunesse viendront compléter cet apprentissage. En effet, la littérature jeunesse est un outil de qualité pour l'apprentissage de la lecture : des activités de « lecture-découverte » autour des textes familiers aux enfants (albums – comptine – chanson) donneront lieu à des émissions d'hypothèses et à des prises de conscience concernant le code alphabétique d'autant plus fructueuses que les élèves auront déjà beaucoup manipulé les sons, les lettres, les mots et les phrases.

Ce travail de maîtrise du langage se poursuivra à l'école élémentaire et notamment au CP.

Alphabet phonétique

Consonnes

sons	lettres-sons
[v]	v – ve
[ʃ]	ch – che
[ɲ]	gn – gne
[b]	b – bb – be
[d]	d – dd – de
[ʒ]	j – g – ge
[z]	z – s – x – se – ze
[g]	g – gu – gg – gue
[p]	p – pp – pe – ppe
[l]	l – ll – le – lle
[m]	m – mm – me – mme
[n]	n – nn – ne – nne
[t]	t – th – tt – te – tte
[r]	r – rh – rr – re – rre
[f]	f – ph – ff – fe – ffe – phe
[s]	s – c – sc – ss – ç – t – sse – ce – se – x
[k]	c – cu – qu – k – ch – cc – que – ke – ck – q

[j]	i – y – ll – ill – il – ille – lle – ye
[w]-[ɥ]	oi – oin – ou – (h)ui

Voyelles

sons	lettres-sons
[a-ɑ]	(h)a – â – à – e(mm)
[e]	(h)é – e – er – ez
[i]	(h)i – î – y
[u]	(h)ou – oû
[ɔ̃]	(h)on – om
[y]	(h)u – û
[ø-œ]	(h)eu – œu – œ – ue
[o-ɔ]	(h)o – (h)au – ô – eau
[ɛ]	(h)e – (h)ê – (h)ai – è – ei – ay – et
[ɑ̃]	(h)an/am – en/em
[ɛ̃]	in/im/ym – ain/aim – ein – en – um

Table des ressources numériques : jeux à télécharger

Le matériel des jeux suivants est téléchargeable au format PDF sur le site des éditions Retz : **www.editions-retz.com**.

Direction éditoriale : Sylvie Cuchin
Édition : Céline Lorcher
Corrections : Gérard Tassi
Illustrations : Marina Rouzé

Composition / Mise en page : Laser Graphie
N° de projet : 10169387
Dépôt légal : octobre 2006

Achevé d'imprimer en France en mai 2010 sur les presses de la Nouvelle Imprimerie Laballery – 58500 Clamecy
N° d'impression : 003234

La Nouvelle Imprimerie Laballery est titulaire de la marque Imprim'Vert ®